dtv

»Palmen sind größer als Versailles, denn kein Mensch machte sie«, sagt der Schriftsteller und Literaturnobelpreisträger Derek Walcott. »Ein Descartes, der unter Palmen wandelt, ist schlicht undenkbar«, meint der Dichter Durs Grünbein, weil dessen rationale Philosophie mit tropischer Üppigkeit nicht vereinbar sei. Wie auch immer – in Muße den vielfältigen Gedanken, Vorstellungen, Weltbildern der Philosophen, Dichter, Wissenschaftler nachzuspüren ist im sonnendurchflirrten Schatten von Palmen ebenso anregend wie überall sonst. Eine kostspielige Karibikreise ist dazu nicht nötig, denn auf den Gedankenreisen entstehen die wunderbarsten Welten.

# Mit Platon unter Palmen

## Ein Lesebuch für Nachdenkliche

Herausgegeben von Brigitte Hellmann

Deutscher Taschenbuch Verlag

Von Brigitte Hellmann bei dtv
herausgegeben:

Frauen-Geschichte(n) (dtv 30627)
Mit Sokrates im Liegestuhl (dtv 36182)
Der kleine Taschenphilosoph (dtv 34099)
Mit Kant am Strand (dtv 34200)
Spaziergang mit Seneca (dtv 34316)

Originalausgabe
Juni 2007

www.dtv.de

Umschlagkonzept: Balk & Brumshagen
Umschlagbild: ›Der Morgen‹ (1825) von Franz Hegi (akg)
Gesamtherstellung: Druckerei C. H. Beck, Nördlingen
Gedruckt auf säurefreiem, chlorfrei gebleichtem Papier
Printed in Germany · ISBN 978-3-423-34416-6

# *Inhalt*

Platon

# *Von der Redekunst*

SOKRATES: Kommen wir denn nach dem Fest, wie man sagt, und sind wir wirklich zu spät?

KALLIKLES: Und sogar nach einem sehr eleganten Fest. Denn Gorgias hat uns gerade vorhin viel Schönes zum besten gegeben.

SOKRATES: Daran, Kallikles, ist Chairephon schuld; seinetwegen mußten wir auf dem Markte verweilen.

CHAIREPHON: Das macht gar nichts, Sokrates; ich will es wiedergutmachen. Gorgias ist ja mit mir befreundet und wird uns seinen Vortrag noch einmal halten – wenn es recht ist, gleich jetzt, oder später einmal, wenn du willst.

KALLIKLES: Was bedeutet dies, Chairephon: möchte denn Sokrates den Gorgias überhaupt hören?

CHAIREPHON: Gerade deswegen sind wir doch hier.

KALLIKLES: Nun, wenn ihr zu mir ins Haus kommen wollt – Gorgias wohnt bei mir –, wird er euch seinen Vortrag noch einmal halten.

SOKRATES: Schön, Kallikles. Aber wird er auch Lust haben, sich mit uns zu unterhalten? Ich möchte nämlich von ihm erfahren, was seine Kunst leistet und worum es sich bei seinen Ankündigungen und seinem Unterricht handelt. Das andere, den Vortrag, soll er, wie du sagst, später einmal halten.

KALLIKLES: Am besten ist, du fragst ihn selbst, Sokrates. Dies war nämlich gerade einer der Punkte seines Vortrages: er hat soeben seine Hörer aufgefordert, ihm beliebige Fragen zu stellen. Er werde auf alles antworten, sagte er.

SOKRATES: Schön, was du da sagst. Frag ihn also, Chairephon!

Chairephon: Was soll ich fragen?

Sokrates: Wer er ist.

Chairephon: Wie meinst du das?

Sokrates: Wenn er sich zufällig auf die Herstellung von Schuhen verstünde, dann würde er wohl antworten, er sei ein Schuster. Verstehst du, was ich meine?

Chairephon: Ich verstehe es und will ihn fragen. Sag mir, Gorgias, ist es wahr, was Kallikles da sagt, daß du dich erbietest, jede Frage zu beantworten, die einer dir stellt?

Gorgias: Allerdings, Chairephon. Gerade jetzt habe ich das ja angekündigt; und ich kann dir sagen, daß mich seit vielen Jahren niemand mehr etwas Neues gefragt hat.

Chairephon: Dann kannst du also auch mit Leichtigkeit antworten, Gorgias!

Gorgias: Es steht dir frei, einen Versuch zu machen, Chairephon.

Polos: Gewiß, bei Zeus. Doch wenn du willst, Chairephon, mach ihn lieber bei mir. Ich glaube, Gorgias ist müde; er hat vorhin gar viel vorgetragen.

Chairephon: Wieso, Polos? Glaubst du, du könnest besser antworten als Gorgias?

Polos: Was liegt daran, wenn es nur dir genügt?

Chairephon: Nichts. So gib also du Antwort, wenn du es willst!

Polos: So frage!

Chairephon: So frage ich also. Wenn Gorgias sich auf dieselbe Kunst verstünde wie sein Bruder Herodikos, wie würden wir ihn da richtigerweise nennen? Doch so wie jenen?

Polos: Gewiß.

Chairephon: Wenn wir also sagten, er sei ein Arzt, dann hätten wir ihn richtig bezeichnet?

Polos: Ja.

Chairephon: Verstünde er aber die gleiche Kunst wie Aristophon, der Sohn des Aglaophon, oder wie dessen Bruder, was wäre da die treffende Bezeichnung, die wir ihm geben könnten?

POLOS: Maler, das ist doch klar.

CHAIREPHON: Auf welche Kunst versteht er sich nun aber, und was ist demzufolge der richtige Name, den wir ihm geben können?

POLOS: O Chairephon, unter den Menschen gibt es viele Künste, die auf Grund von Erfahrungen erfunden worden sind. Denn die Erfahrung macht es aus, ob unser Leben nach den Regeln einer Kunst geführt werden kann; Unerfahrenheit aber überläßt es dem Zufall. Unter all diesen Künsten aber haben die einen an diesen, die anderen an jenen Anteil, die einen so, die anderen anders – die Besten aber an den besten. Zu diesen gehört auch unser Gorgias; er hat Anteil an der schönsten der Künste.

SOKRATES: Recht gut, mein Gorgias, scheint Polos im Reden geübt zu sein. Das, was er dem Chairephon versprochen hat, hält er freilich nicht.

GORGIAS: Wieso denn, Sokrates?

SOKRATES: Er antwortet, scheint mir, gar nicht auf die gestellte Frage.

GORGIAS: So frage *du* ihn doch, wenn du willst.

SOKRATES: Nicht doch; sofern du selbst zu antworten Lust hast, frage ich viel lieber dich. Denn schon aus dem, was Polos gesagt hat, ist mir klar geworden, daß er mehr in der sogenannten Redekunst geübt ist als in der Kunst der Unterredung.

POLOS: Wieso denn, Sokrates?

SOKRATES: Weil du, lieber Polos, auf die Frage des Chairephon, welche Kunst Gorgias verstehe, seine Kunst zwar rühmst, gleich als ob sie jemand herabgesetzt hätte, aber nicht darauf geantwortet hast, welche Kunst es ist.

POLOS: Habe ich denn nicht geantwortet, es sei die schönste?

SOKRATES: Gewiß. Aber niemand fragte dich, *wie* die Kunst des Gorgias beschaffen ist, sondern was sie ist und wie man den Gorgias nennen müsse. So wie dir vorhin Chairephon einige Beispiele vorlegte, und du ihm gut und mit kurzen Worten geantwortet hast, ebenso sage nun auch, welches die Kunst des Gorgias ist, und mit welchem Namen wir ihn bezeichnen sollen. Noch lieber aber sag du uns das selber, Gorgias: wie sollen wir dich nennen, und auf welche Kunst verstehst du dich?

GORGIAS: Auf die Redekunst, Sokrates.

SOKRATES: So muß man dich also einen Redner nennen?

GORGIAS: Und zwar einen guten, Sokrates, wenn du mich nennen willst wie nach Homer »zu heißen ich mich rühme«.

SOKRATES: Das will ich freilich.

GORGIAS: Dann nenne mich so.

SOKRATES: Und sollen wir sagen, du könnest auch andere dazu machen?

GORGIAS: Dazu erbiete ich mich nicht nur hier, sondern auch anderorts.

SOKRATES: Möchtest du, Gorgias, so wie wir jetzt miteinander reden, das Gespräch fortführen, bald fragend, bald antwortend – die langen Reden aber, mit denen auch Polos schon angefangen hat, für ein andermal aufheben? Was du aber versprichst, das lasse nicht unerfüllt, sondern zeige dich bereit, meine Frage in kurzen Worten zu beantworten.

GORGIAS: Es gibt allerdings Antworten, Sokrates, bei denen man ausführlich werden muß. Doch will ich versuchen, mich möglichst kurz zu fassen. Denn gerade das ist ja etwas von dem, was ich von mir behaupte: daß keiner dasselbe in kürzeren Worten sagen kann als ich.

SOKRATES: Das braucht es ja gerade, Gorgias. So gib mir denn eine Probe von der Kürze im Reden – von den langen Reden später einmal.

GORGIAS: Das will ich tun, und du wirst dann zugeben, daß du noch niemanden hast kürzer reden hören.

SOKRATES: Wohlan denn! Du behauptest also, du verstündest dich auf die Redekunst und könntest auch einen anderen zum Redner machen. Auf was für Dinge bezieht sich nun die Redekunst – so wie sich die Weberei auf die Herstellung von Kleidern bezieht, nicht wahr?

GORGIAS: Ja.

SOKRATES: Und die Tonkunst bezieht sich doch auf die Schöpfung von Melodien?

GORGIAS: Ja.

SOKRATES: Bei Hera, Gorgias: ich bestaune deine Antworten, weil du wirklich so kurz als nur möglich antwortest.

GORGIAS: Ich glaube in der Tat, Sokrates, daß ich das recht gut kann.

SOKRATES: Ganz richtig. Wohlan denn, gib mir auf eben diese Weise auch über die Redekunst Antwort: wovon ist sie ein Wissen?

GORGIAS: Von Reden.

SOKRATES: Von was für Reden, Gorgias? Etwa solchen, die den Kranken zeigen, wie sie leben müssen, um wieder gesund zu werden?

GORGIAS: Nein.

SOKRATES: Die Redekunst bezieht sich also nicht auf alle Reden?

GORGIAS: Gewiß nicht.

SOKRATES: Aber sie macht doch fähig, zu reden?

GORGIAS: Ja.

SOKRATES: Und auch, daß man versteht, worüber man redet?

GORGIAS: Natürlich.

SOKRATES: Bewirkt nicht die Heilkunde, die wir vorhin genannt haben, daß man über die Kranken denken und reden kann?

GORGIAS: Notwendigerweise.

SOKRATES: Also bezieht sich offenbar auch die Heilkunst auf Reden.

GORGIAS: Ja.

SOKRATES: Auf die über Krankheiten nämlich.

GORGIAS: Gewiß.

SOKRATES: Auch die Gymnastik bezieht sich auf Reden, nämlich auf die über den guten oder schlechten Zustand des Körpers?

GORGIAS: Freilich.

SOKRATES: Und gewiß ist es auch mit den übrigen Künsten so, Gorgias: jede hat es mit Reden zu tun, welche die Sache betreffen, die gerade das Gebiet dieser Kunst ist.

GORGIAS: Offenbar.

SOKRATES: Wieso bezeichnest du nun die anderen Künste nicht als Redekünste, obwohl doch auch sie mit Reden zu tun haben, wenn du unter Redekunst diejenige verstehst, die sich auf Reden bezieht?

GORGIAS: Deshalb, Sokrates, weil sozusagen bei jeder der übrigen Künste die ganze Kenntnis auf handwerkliche Arbeiten oder dergleichen Verrichtungen geht. Die Redekunst aber hat nichts mit solcher Handarbeit zu tun, sondern ihr ganzes Tun und Wirken vollzieht sich allein durch Worte. Deshalb halte ich dafür, daß sich die Redekunst auf Reden bezieht – und habe mich damit auch richtig ausgedrückt, wie ich behaupte.

SOKRATES: Verstehe ich nun, wie du sie benennen willst? Ich werde es aber bald genauer wissen. Sage mir also: Es gibt doch Künste, nicht wahr?

GORGIAS: Ja.

SOKRATES: Bei einigen unter allen Künsten ist, glaube ich, die Tätigkeit die Hauptsache; Worte brauchen sie nur wenig oder überhaupt nicht, vielmehr könnte ihr Ziel auch unter Schweigen erreicht werden. So etwa bei der Malerei und der

Bildhauerei und manchen anderen. Solche Künste meinst du offenbar, wenn du sagst, die Redekunst habe nichts mit ihnen zu tun. Oder nicht?

GORGIAS: Das vermutest du ganz richtig, Sokrates.

SOKRATES: Dann gibt es freilich auch andere Künste, die alles durch die Rede zustande bringen und entweder gar keine oder nur ganz geringe Handarbeit benötigen, wie die Arithmetik und die Rechenkunst und die Geometrie und das Brettspiel und viele andere Künste. Bei einigen von ihnen braucht es etwa ebenso viele Reden wie handwerkliche Arbeit, bei manchen aber bedeutend mehr, und ihre ganze Tätigkeit und Verwirklichung beruht auf Worten. Als eine von diesen scheinst du mir die Redekunst zu verstehen.

GORGIAS: Da hast du recht.

SOKRATES: Und doch glaube ich nicht, daß du eine von diesen als Redekunst bezeichnen willst, wenn du auch dem Wortlaut nach so gesagt hast, daß diejenige, die ihre Verwirklichung durch das Wort finde, Redekunst sei. Falls dir nun jemand beim Disputieren Schwierigkeiten machen wollte, könnte er dir entgegnen: »Du nennst also die Arithmetik eine Redekunst, Gorgias?« – Doch du bezeichnest, glaube ich, weder die Arithmetik noch die Geometrie als Redekunst.

GORGIAS: Du hast recht, Sokrates, und nimmst das richtig an.

SOKRATES: Wohlan, gib mir nun die vollständige Antwort auf meine Frage! Da nun also die Redekunst zu den Künsten gehört, die in weitem Umfange die Rede verwenden, und da es auch noch andere dieser Art gibt, so versuche zu erklären, auf welchen Gegenstand sich die Redekunst bezieht, deren Verwirklichung sich durch Worte vollzieht. So wie wenn mir jemand über irgendeine der Künste, von denen wir eben gesprochen haben, die Frage stellte: »Sokrates, was für eine Kunst ist die Arithmetik?« Ich würde ihm so antworten wie du vorhin: daß sie zu denen zählt, die sich durch die Rede verwirklichen. Und wenn er mich dann weiter fragte: »Durch Reden worüber?«, dann sagte ich wohl: »Über das Gerade und das Ungerade, wie groß ein jedes ist.« Wenn er nun neuerdings fragte: »Was für eine Kunst nennst du Rechenkunst?«, dann sagte ich, auch sie gehöre zu den Künsten, die sich durch die Rede verwirklichen; und fragte er weiter: »Durch Reden worüber?«, dann sagte ich wie die Antragsteller in der Volksversammlung: »Im übrigen verhält es sich mit der Rechenkunst wie mit der Arithmetik. Sie bezieht sich nämlich auf dasselbe, auf das Gerade und auf das Ungerade. Doch unterscheidet sich die Rechenkunst insofern, als sie auch untersucht, wie sich das Ungerade und das Gerade in ihrer Größe zu sich selber und zueinander verhalten.« – Und wenn dann jemand noch nach der Astronomie fragte, weil ich gesagt habe, daß auch sie sich ganz nur durch die Rede verwirkliche, und wenn er sagte: »Sokrates, worauf beziehen sich nun aber die Reden der Astronomie?« – dann gäbe ich zur Antwort: »Auf den Lauf der Sterne und der Sonne und des Mondes und auf ihre gegenseitige Geschwindigkeit.«

GORGIAS: Du erklärst das ganz richtig, Sokrates.

SOKRATES: Nun ist es aber an dir, Gorgias. Die Redekunst gehört also zu den Künsten, die alles durch die Rede durchführen und bewirken, nicht wahr?

GORGIAS: So ist es.

SOKRATES: So sag denn: durch Reden worüber? Was unter allen Dingen bildet den Gegenstand der Worte, deren sich die Redekunst bedient?

GORGIAS: Die wichtigsten Angelegenheiten der Menschen, Sokrates, und die besten.

Buddha

## *Vollkommene Weisheit*

Subhuti fragte: »Ist es möglich, die vollkommene Weisheit zu erlangen, indem man nachdenkt, anderen zuhört und Zeichen und Attribute zu deuten lernt, so daß man am Ende sagen kann: ›Das ist es!‹ oder ›So ist es!‹?«

Der Buddha antwortete: »Nein, Subhuti. Vollkommene Weisheit kann nicht erlernt oder erschlossen oder erdacht oder mit Hilfe der Sinne entdeckt werden. Das liegt daran, daß nichts auf dieser Welt letztgültig erklärt werden kann. Man kann dies nur erfahren, und dann sind alle Dinge so, wie sie eben sind. Vollkommene Weisheit kann niemals außerhalb der dinglichen Welt erfahren werden. Um die So-heit der Welt zu sehen, ihr leeres, vollkommen stilles Sein, müssen wir sie sehen, wie sie ist. Daher sind vollkommene Weisheit und die dingliche Welt eins, sie sind nicht voneinander getrennt. Da vollkommene Weisheit die Frucht der So-heit, der Stille, der Leerheit ist, kann sie nicht mit dem Verstand erschlossen werden. Dasselbe gilt für die Welt selbst, da der Verstand nur Namen und Vorstellungen kennt. Wo kein Lernen oder Erforschen zu finden ist, keine Ideen, keine an Konventionen gebundenen Worte, dort, so kann man sagen, herrscht vollkommene Weisheit.«

Konfuzius

## *Lehren ohne Worte*

Meister Kongzi sprach: »Ich möchte lieber nichts reden.«

Zhi Gong sprach: »Wenn der Meister nicht redet, was haben dann wir Schüler aufzuzeichnen?«

Der Meister sprach: »Wahrlich, redet etwa der Himmel? Die vier Zeiten gehen ihren Gang, alle Dinge werden erzeugt. Wahrlich, redet etwa der Himmel?«

René Descartes

## *Über die Natur des menschlichen Geistes*

1. Die gestrige Betrachtung hat mich in so gewaltige Zweifel gestürzt, daß ich sie nicht mehr vergessen kann, und doch sehe ich nicht, wie sie zu lösen sind; sondern ich bin wie bei einem unvorhergesehenen Sturz in einen tiefen Strudel so verwirrt, daß ich weder auf dem Grunde festen Fuß fassen noch zur Oberfläche emporschwimmen kann. Dennoch will ich mich herausarbeiten und von neuem ebenden Weg versuchen, den ich gestern eingeschlagen hatte: nämlich alles von mir fernhalten, was auch nur den geringsten Zweifel zuläßt, genau so, als hätte ich sicher in Erfahrung gebracht, daß es durchaus falsch sei. Und ich will so lange weiter vordringen, bis ich irgend etwas Gewisses, oder, wenn nichts anderes, so doch wenigstens das für gewiß erkenne, daß es nichts Gewisses gibt. Nichts als einen festen und unbeweglichen Punkt verlangte Archimedes, um die ganze Erde von ihrer Stelle zu bewegen, und so darf

auch ich Großes hoffen, wenn ich nur das Geringste finde, das sicher und unerschütterlich ist.

2. Ich setze also voraus, daß alles, was ich sehe, falsch ist, ich glaube, daß nichts jemals existiert hat, was das trügerische Gedächtnis mir darstellt: ich habe überhaupt keine Sinne; Körper, Gestalt, Ausdehnung, Bewegung und Ort sind nichts als Chimären. Was also bleibt Wahres übrig? Vielleicht nur dies eine, daß nichts gewiß ist.

3. Aber woher weiß ich denn, daß es nichts anderes als alles bereits Aufgezählte gibt, an dem zu zweifeln auch nicht der geringste Anlaß vorliegt? Gibt es etwa einen Gott, oder wie ich den sonst nennen mag, der mir diese Vorstellungen einflößt? – Weshalb aber sollte ich das annehmen, da ich doch am Ende selbst ihr Urheber sein könnte? Also wäre doch wenigstens ich irgend etwas? Aber – ich habe bereits geleugnet, daß ich irgendeinen Sinn, irgendeinen Körper habe. Doch hier stutze ich: was soll daraus folgen? Bin ich etwa so an den Körper und die Sinne gefesselt, daß ich ohne sie nicht sein kann? Indessen, ich habe mir eingeredet, daß es schlechterdings nichts in der Welt gibt: keinen Himmel, keine Erde, keine denkenden Wesen, keine Körper, also doch auch wohl mich selbst nicht? Keineswegs; sicherlich war ich, wenn ich mir etwas eingeredet habe. – Aber es gibt einen, ich weiß nicht welchen, allmächtigen und höchst verschlagenen Betrüger, der mich geflissentlich stets täuscht. – Nun, wenn er mich täuscht, so ist es also unzweifelhaft, daß ich bin. Er täusche mich, soviel er kann, niemals wird er doch fertigbringen, daß ich nichts bin, solange ich denke, daß ich etwas sei. Und so komme ich, nachdem ich nun alles mehr als genug hin und her erwogen habe, schließlich zu der Feststellung, daß dieser Satz: »Ich bin, ich existiere«, sooft ich ihn ausspreche oder in Gedanken fasse, notwendig wahr ist.

4. Noch verstehe ich aber nicht zur Genüge, wer ich denn bin, der ich jetzt notwendig bin, und ich muß mich fernerhin

hüten, daß ich nicht etwa unvorsichtigerweise etwas anderes für mich selbst ansehe und auf diese Weise sogar in der Erkenntnis abirre, von der ich behaupte, sie sei die gewisseste und einleuchtendste von allen. Ich will deshalb jetzt von neuem erwägen, was ich denn früher zu sein geglaubt habe, bevor ich auf diese Gedanken verfallen war. Davon will ich dann alles abziehen, was durch die oben beigebrachten Gründe auch nur im geringsten hat erschüttert werden können, so daß schließlich genau nur das übrigbleibt, was gewiß und unerschütterlich ist.

5. Was also habe ich vordem geglaubt zu sein? Doch wohl ein Mensch. Aber was ist das, »ein Mensch«? Soll ich sagen: ein vernünftiges, lebendes Wesen? Keineswegs, denn dann müßte man ja hernach fragen, was ein »lebendes Wesen« und was »vernünftig« ist, und so geriete ich aus einer Frage in mehrere und noch schwierigere. Auch habe ich nicht so viel Zeit, daß ich sie mit derartigen Spitzfindigkeiten vergeuden möchte. Lieber will ich hier mein Augenmerk darauf richten, was sich meinem Denken vordem ganz von selbst und naturgemäß darbot, sooft ich erwog, was ich sei. Nun, zunächst bot sich mir dar, daß ich ein Gesicht, Hände, Arme und diese ganze Gliedermaschine habe, die man auch an einem Leichnam wahrnimmt und die ich als Körper bezeichnete. Außerdem bot sich mir dar, daß ich mich ernähre, gehe, empfinde und denke, und zwar bezog ich diese Tätigkeiten auf die Seele; was aber diese Seele sei, darauf achtete ich entweder gar nicht, oder wenn doch, so stellte ich mir bildlich darunter ein feines Etwas vor, nach Art eines Windes, Feuers oder Äthers, das meinen gröberen Teilen eingeflößt sei. Was aber den Körper angeht, so zweifelte ich daran nicht im mindesten, sondern meinte, seine Natur deutlich zu kennen. Und wenn ich etwa versucht hätte, sie so zu beschreiben, wie ich sie mir dachte, so würde ich sie folgendermaßen erklärt haben: »Unter Körper verstehe ich alles, was durch irgendeine Figur begrenzt, was örtlich umschrieben werden

kann und einen Raum so erfüllt, daß es aus ihm jeden anderen Körper ausschließt; was durch Gefühl, Gesicht, Gehör, Geschmack oder Geruch wahrgenommen, auch auf mannigfache Art bewegt werden kann, zwar nicht durch sich selbst, aber von irgend etwas anderem, das es berührt«. Denn ich nahm an, daß die Fähigkeit, sich selbst zu bewegen, ebenso wie die zu empfinden oder zu denken keineswegs zur Natur des Körpers gehöre, vielmehr wunderte ich mich eher darüber, daß sich solche Fähigkeiten in manchen Körpern vorfinden.

6. Wie verhält es sich aber jetzt, wo ich annehme, daß irgendein allmächtiger und, wenn man so sagen darf, boshafter Betrüger sich bemüht hat, mich in allem, soweit er vermochte, zu täuschen? Kann ich noch behaupten, auch nur das Geringste von alledem zu besitzen, wovon ich oben gesagt habe, es gehöre zur Natur des Körpers? Mit gespannter Aufmerksamkeit denke ich immer wieder darüber nach, – nichts fällt mir ein, und ich werde es müde, fruchtlos immer dasselbe zu wiederholen. Wie verhält es sich aber mit dem, was ich der Seele zuschrieb, mit dem Sich-Ernähren und dem Gehen? Nun, da ich jetzt überhaupt keinen Körper habe, so sind auch das nichts als Erfindungen. Empfinden? Aber auch das kommt ohne Körper nicht zustande, auch glaubte ich sehr vieles während des Traumes zu empfinden, von dem ich hernach bemerkte, daß ich es nicht empfunden hatte. Denken? Hier liegt es: Das Denken ist's, es allein kann von mir nicht getrennt werden. Ich bin, ich existiere, das ist gewiß. Wie lange aber? Nun, solange ich denke. Denn vielleicht könnte es sogar geschehen, daß ich, wenn ich ganz aufhörte zu denken, alsbald auch aufhörte zu sein. Für jetzt lasse ich aber nichts zu, als was notwendig wahr ist! Ich bin also genau nur ein denkendes Wesen, d. h. Geist, Seele, Verstand, Vernunft – lauter Ausdrücke, deren Bedeutung mir früher unbekannt war. Ich bin aber ein wahres und wahrhaft existierendes Ding, doch was für ein Ding? Nun, ich sagte es bereits – ein denkendes.

7. Was weiter? Nun, – ich will einmal meine Einbildungskraft anstrengen! Ich bin nicht jenes Gefüge von Gliedern, das man den menschlichen Körper nennt, ich bin auch nicht die feine Luft, die diese Glieder durchdringt, nicht ein Wind, Feuer, Dunst oder Hauch oder was ich mir sonst noch ausdenken mag, – habe ich doch vorausgesetzt, daß dies alles nichts ist. Diese Voraussetzung bleibt bestehen, und doch bin ich irgend etwas. Aber vielleicht fügt es sich, daß ebendieses, von dem ich voraussetze, es sei nichts, da es mir ja unbekannt ist, dennoch in Wahrheit nicht von dem Ich verschieden ist, welches ich kenne? Ich weiß es nicht, darüber streite ich jetzt noch nicht, ich kann nur urteilen über das, was ich weiß. Ich weiß, daß ich existiere, ich frage, wer jenes Ich ist, von dem ich dies weiß. Da ist es nun durchaus gewiß, daß die Kenntnis dieses genau nur so verstandenen Ich nicht von dem abhängt, von dessen Existenz ich noch nichts weiß, nicht also von irgend etwas, das ich mir in der Einbildung ausmale. Und dieses Wort: »Ich male mir etwas aus«, macht mich schon auf meinen Irrtum aufmerksam; denn es wäre in der Tat nur ein Ausmalen, wenn ich mir einbildete, etwas zu sein, besagt doch »sich etwas einbilden« nichts anderes, als die Gestalt oder das Bild eines körperlichen Dinges betrachten. Nun weiß ich aber bereits gewiß, daß ich bin, und zugleich, daß möglicherweise alle diese Bilder und ganz allgemein alles, was sich nur auf die Natur des Körpers bezieht, nichts sind als Träume. Habe ich das aber einmal bemerkt, so scheint es ebenso töricht zu sagen: »Ich will meine Einbildungskraft anstrengen, um deutlicher zu erkennen, wer ich bin«, wie wenn ich sagte: »Zwar bin ich bereits aufgewacht und sehe schon etwas Wahres, doch da ich es noch nicht deutlich genug sehe, so will ich mir Mühe geben, wieder einzuschlafen, damit es mir meine Träume wahrer und einleuchtender darstellen«. Ich erkenne also, daß nichts von dem, was ich mit Hilfe der Einbildungskraft erfassen kann, zu der Kenntnis gehört, die

ich von mir habe, daß ich vielmehr meinen Geist sehr sorgfältig davon abwenden muß, wenn ich seine Natur recht deutlich begreifen will.

8. Was aber bin ich demnach? Ein denkendes Wesen! Was heißt das? Nun, – ein Wesen, das zweifelt, einsieht, bejaht, verneint, will, nicht will und das sich auch etwas bildlich vorstellt und empfindet.

9. In der Tat, das ist nicht wenig, wenn dies alles zu mir gehören soll! Doch wie sollte es nicht? Bin nicht ich selbst es, der jetzt fast an allem zweifelt, der dennoch manches einsieht, der behauptet, dies eine sei wahr, der das übrige leugnet, der mehr wissen möchte, der sich nicht täuschen lassen will, der sich vieles, selbst gegen seinen Willen, einbildet, vieles auch, als komme es von den Sinnen her, bemerkt? Ist nicht all dies, mag ich nun stets schlafen, mag auch mein Schöpfer, soviel an ihm liegt, mich täuschen, – ist nicht all dies trotzdem ebenso wahr wie mein Dasein? Was davon ist von meinem Bewußtsein unterscheidbar? Wovon läßt sich behaupten, daß es von mir selbst getrennt sei? Denn daß ich es bin, der zweifelt, der einsieht, der will, das ist so offenbar, daß es durch nichts noch augenscheinlicher erklärt werden kann. Ich bin aber doch auch derselbe, der ich mir etwas bildlich vorstelle; denn wenngleich etwa, wie ich angenommen habe, überhaupt nichts bildlich Vorgestellte wahr ist, so ist doch die Einbildungskraft selbst wirklich da und macht einen Teil meines Bewußtseins aus. Schließlich bin ich derselbe, welcher wahrnimmt, d. h. der die körperlichen Dinge gleichsam mit den Sinnen bemerkt. Ich sehe doch offenbar jetzt das Licht, ich höre das Geräusch, fühle die Wärme; aber nein – das ist falsch, denn ich schlafe ja. Aber es scheint mir doch, als ob ich sähe, hörte, Wärme fühlte, das kann nicht falsch sein, das eigentlich ist es, was an mir Empfinden genannt wird, und dies, genau so verstanden, ist nichts anderes als Bewußtsein.

10. Hieraus beginne ich in der Tat schon erheblich besser zu erkennen, wer ich bin. Aber doch scheint es bisher immer noch, und ich kann mich dieser Meinung gar nicht erwehren, als ob die körperlichen Dinge, deren Bilder sich in meinem Bewußtsein gestalten, und die mit den Sinnen selbst ermittelt werden, viel deutlicher erkannt würden als dieses, ich weiß nicht was, an mir, das nicht Gegenstand der Einbildung ist, obschon es wahrhaftig wunderlich wäre, wenn ich die Dinge, die sich mir als zweifelhaft, unbekannt, mir fremd ergeben, deutlicher erfaßte als das Wahre, das mir Bekannte, kurz als mich selbst. Aber ich sehe schon, wie es sich hiermit verhält: meinem Denken macht es Freude abzuirren, es verträgt es noch nicht, sich in den Schranken der Wahrheit zu halten. Sei es also! Lassen wir ihm noch einmal die Zügel locker, um sie dann zur rechten Zeit wieder anzuziehen und es so umso leichter lenken zu können.

11. Betrachten wir diejenigen Gegenstände, von denen man für gewöhnlich annimmt, sie von allen würden am deutlichsten begriffen, d. h. Körper, die wir betasten und sehen, und zwar nicht Körper im allgemeinen, denn diese allgemeinen Begriffe pflegen bedeutend verworrener zu sein, nehmen wir vielmehr irgendeinen Körper im besonderen, z. B. dieses Stück Wachs. Vor kurzem erst hat man es aus der Wachsscheibe gewonnen, noch verlor es nicht ganz den Geschmack des Honigs, noch blieb ein wenig zurück von dem Dufte der Blumen, aus denen es gesammelt worden; seine Farbe, Gestalt, Größe liegen offen zutage, es ist hart, auch kalt, man kann es leicht anfassen, und schlägt man mit dem Knöchel darauf, so gibt es einen Ton von sich, kurz – es besitzt alles, was erforderlich scheint, um irgendeinen Körper ganz deutlich erkennbar zu machen. Doch sieh! Während ich noch so rede, nähert man es dem Feuer, – was an Geschmack da war, geht verloren, der Geruch entschwindet, die Farbe ändert sich, es wird unförmig, wird größer, wird

flüssig, wird warm, kaum mehr läßt es sich anfassen, und wenn man darauf klopft, so wird es keinen Ton mehr von sich geben. Bleibt es denn noch dasselbe Wachs? Man muß zugeben – es bleibt, keiner leugnet es, niemand ist darüber anderer Meinung. Was an ihm also war es, das man so deutlich erkannte? Sicherlich nichts von dem, was im Bereich der Sinne lag; denn alles, was unter den Geschmack, den Geruch, das Gesicht, das Gefühl oder das Gehör fiel, ist ja jetzt verändert, und doch es bleibt – das Wachs.

12. Vielleicht war es das, was ich jetzt denke, nämlich daß das Wachs selbst zwar nicht die Süße des Honigs, nicht der Duft der Blumen, nicht die weiße Farbe, nicht die Gestalt oder der Ton war, sondern ein Körper, der mir kurz zuvor mit jenen Eigenschaften ausgezeichnet erschien, jetzt mit anderen? Was ist aber genau das, was ich mir so bildlich vorstelle? Betrachten wir es aufmerksam, entfernen wir alles, was nicht dem Wachse zugehört, und sehen wir zu, was übrigbleibt! Nun – nichts anderes als etwas Ausgedehntes, Biegsames und Veränderliches. Was aber ist dieses Biegsame, Veränderliche? Etwa, daß ich mir bildlich ausmale, wie dieses Wachs aus der runden Gestalt in die quadratische oder aus dieser in die dreieckige übergehen kann? Keineswegs! denn ich begreife wohl, daß es unzähliger derartiger Veränderungen fähig ist, und dennoch kann ich diese unzähligen Veränderungen nicht bildlich durchlaufen, es wird also dieser Begriff von der Einbildungskraft nicht zustandegebracht. Und was ist das Ausgedehnte? Ist etwa auch seine Ausdehnung mir unbekannt? Denn im schmelzenden Wachs wird sie größer, noch größer im siedenden, und sie wächst weiter, wenn die Hitze weiter zunimmt. Auch werde ich, was das Wachs ist, nur richtig beurteilen, wenn ich annehme, daß es auch der Ausdehnung nach noch mehr Verschiedenheiten zuläßt, als ich jemals in einer bildlichen Vorstellung umfaßt habe. Es bleibt mir also nichts übrig als zuzugeben, daß ich, was das

Wachs *ist,* mir gar nicht bildlich ausmalen, sondern nur denkend begreifen kann. Und dies sage ich von dem einzelnen Stücke Wachs: denn vom Wachs überhaupt ist es noch klarer. Was aber ist dieses Wachs, das sich nur denkend begreifen läßt? Nun, dasselbe, das ich sehe, das ich betaste, das ich mir bildlich vorstelle, kurz, dasselbe was ich von Anfang an gemeint habe; aber – wohlgemerkt – seine Erkenntnis ist nicht Sehen, nicht Berühren, nicht Einbilden und ist es auch nie gewesen, wenngleich es früher so schien, sondern sie ist eine Einsicht einzig und allein des Verstandes, die entweder, wie früher, unvollkommen und verworren, oder, wie jetzt, klar und deutlich sein kann, je nachdem ich mit größerer oder geringerer Aufmerksamkeit auf ihre Bestandteile achte.

13. Indessen wundere ich mich, wie sehr doch mein Denken zu Irrtümern neigt; denn wenngleich ich das Obige schweigend und ohne zu reden bei mir erwäge, bleibe ich doch an den Worten hängen und lasse mich beinahe durch den Sprachgebrauch beirren. Sagen wir doch: wir sehen das Wachs selbst, wenn es da ist, und nicht: wir urteilen nach der Farbe und der Gestalt, daß es da sei. Und daraus möchte ich am liebsten gleich schließen, daß man also das Wachs mit der Sehkraft der Augen und nicht mit Verstandeseinsicht allein erkennt. Doch da sehe ich zufällig vom Fenster aus Menschen auf der Straße vorübergehen, von denen ich ebenfalls, genau wie vom Wachse, gewohnt bin zu sagen: ich sehe sie, und doch sehe ich nichts als die Hüte und Kleider, unter denen sich ja Automaten verbergen könnten! Ich urteile aber, daß es Menschen sind. Und so erkenne ich das, was ich mit meinen Augen zu sehen vermeinte, einzig und allein durch die meinem Denken innewohnende Fähigkeit zu urteilen.

14. Doch will man klüger als die Menge sein, so sollte man sich schämen, in Redensarten, die doch die Menge erfunden hat, Zweifelsgründe zu suchen. Fahren wir also fort und geben

wir acht, ob ich damals vollkommener und einleuchtender erkannte, was das Wachs sei, als ich es zuerst erblickte und glaubte, es mit den äußeren Sinnen oder doch mit dem sogenannten Gemeinsinn, d. h. mit der Einbildungskraft zu erkennen, oder vielmehr jetzt, nachdem ich sorgfältig untersucht habe, was es ist und wie es erkannt wird. Sicher wäre es töricht, darüber Zweifel zu hegen. Denn was war in der ersten Auffassung überhaupt deutlich? Was hätte nicht ebenso gut jedes Tier? Wenn ich nun aber das Wachs von seinen äußeren Formen unterscheide, ihm gleichsam seine Kleider ausziehe und es nackt betrachte, so kann ich es, wenngleich immer noch ein Irrtum in meinem Urteile nicht ausgeschlossen ist, doch wirklich nicht ohne den menschlichen Geist begreifen.

15. Was aber soll ich von diesem Geiste selbst oder von meinem Ich sagen, denn bis jetzt rechne ich nichts anderes zu mir selbst als den Geist? Ich, der ich dieses Wachs so deutlich zu erkennen meine, sollte ich mich selbst nicht nur viel wahrer, viel gewisser, aber auch viel deutlicher und einleuchtender erkennen? Denn wenn ich urteile, daß das Wachs existiert, weil ich es sehe, so folgt doch eben daraus, daß ich es sehe, weit augenscheinlicher, daß ich selbst existiere. Denn es kann sehr wohl sein, daß das, was ich sehe, nicht wirklich Wachs ist, es kann sogar sein, daß ich überhaupt keine Augen habe, etwas zu sehen, aber es ist ganz unmöglich, daß, während ich sehe, oder – was ich für jetzt nicht unterscheide – während ich das Bewußtsein habe zu sehen, ich selbst, der ich dieses Bewußtsein habe, nicht irgend etwas bin. In ähnlicher Weise, wenn ich urteile, daß das Wachs existiere, weil ich es betaste, so folgt daraus wiederum dasselbe, nämlich daß ich bin, wenn deswegen, weil ich es mir bildlich vorstelle, oder aus sonst irgendeinem Grunde, so folgt wieder ganz dasselbe. Ich darf aber ebendas, was ich hier vom Wachs bemerke, auch auf alles übrige, was außer mir ist, anwenden. Ferner aber: Wenn die Erkenntnis des Wachses

deutlicher schien, nachdem es mir nicht nur durch das Gesicht oder durch den Tastsinn, sondern aus einer Reihe von Gründen bekannt geworden ist, um wieviel deutlicher muß, wie man zugeben wird, ich jetzt mich selbst erkennen, da ja dieselben Gründe, die zur Erkenntnis des Wachses oder irgendeines sonstigen Körpers beitragen können, alle noch besser die Natur meines Geistes kenntlich machen. Aber es gibt überdies noch so vieles andere in meinem Geist, wodurch seine Erkenntnis verdeutlicht werden kann, daß all das, was vom Körper her in sie eingeht, offenbar kaum in Betracht kommt.

16. Und sieh da! so bin ich schließlich ganz von selbst dahin zurückgekehrt, wohin ich wollte. Denn da ich jetzt weiß, daß ja selbst die Körper nicht eigentlich durch die Sinne oder durch die Einbildungskraft, sondern einzig und allein durch den Verstand erkannt werden, nicht dadurch, daß man sie betastet oder sieht, sondern daß man sie denkt: so erkenne ich ganz offenbar, daß ich nichts leichter und augenscheinlicher erkennen kann – als meinen Geist. Aber da sich alte Meinungen, an die man sich gewöhnt hat, nicht so schnell ablegen lassen, scheint es mir gut, hier einzuhalten, damit sich diese neuerworbene Erkenntnis durch längeres Nachdenken meinem Gedächtnis tiefer einprägt.

Friedrich Nietzsche

## *Komplizierte Welt*

Der Mensch kommt erst ganz langsam dahinter, wie unendlich kompliziert die Welt ist. Zuerst denkt er sie sich ganz einfach, d. h. so oberflächlich als er selbst ist.

Er geht von sich aus, von dem allerspätesten Resultat der

Natur, und denkt sich die Kräfte, die Urkräfte so, wie das ist, was in sein Bewußtsein kommt.

Er nimmt die Wirkungen *der kompliziertesten Mechanismen,* des Gehirns, an, als seien die Wirkungen seit Uranfang gleicher Art. Weil dieser komplizierte Mechanismus etwas Verständiges in kurzer Zeit hervorbringt, nimmt er das Dasein der Welt für sehr jung: es kann dem Schöpfer nicht soviel Zeit gekostet haben, meint er.

So glaubt er mit dem Wort »Instinkt« irgend etwas erklärt und er überträgt wohl gar die unbewußten Zweckhandlungen auf das Urwerden der Dinge.

Zeit, Raum und Kausalitätsempfindung scheint mit der ersten *Empfindung* gegeben zu sein.

Der Mensch kennt die Welt in dem Grade, als er sich kennt: d. h. ihre Tiefe entschleiert sich ihm in dem Grade, als er über sich und seine Kompliziertheit erstaunt.

Martin Rees

## *Hätte Gott die Welt auch anders erschaffen können?*

Die eigentliche Frage lautet: Weshalb gibt es überhaupt etwas? Was verleiht den physikalischen Gleichungen den Odem des Lebens und läßt sie zu einem tatsächlich existierenden Kosmos werden? Fragen wie diese liegen außerhalb der Naturwissenschaften, sie gehören in den Bereich der Philosophie und der Theologie. Für die Naturwissenschaft besteht das übergreifende Problem darin zu verstehen, wie ein einfaches, leicht zu beschreibendes Schöpfungsereignis 13 Milliarden Jahre später zu dem vielschichtigen Kosmos führen konnte, von dem wir heute ein Teil sind. Handelte es sich um einen »natürlichen« Weg, oder sollten wir über den Verlauf der Entwicklungen erstaunt sein? Hätte es auch andere Universen geben können? Die Suche nach den Antworten auf solche Fragen wurde früher als reine Spekulation abgetan, heute ist sie Teil der Naturwissenschaften. Die Geschichte der Kosmologie begann vor vielen tausend Jahren, und doch waren die Begeisterung und Aufregung über grundlegende Erkenntnisse selten größer als heute, zu Beginn des einundzwanzigsten Jahrhunderts.

Die Sonne und das Firmament sind unmittelbare Bestandteile unserer Umwelt – unseres kosmischen Wohnraums. In dieser Hinsicht empfinden die Wissenschaftler wie die Künstler und Mystiker. D. H. Lawrence schrieb einmal: »Ich bin ein Teil der Sonne, so wie mein Auge ein Teil von mir ist.« Und van Goghs »Sternennacht« entstand aus derselben inneren Hingabe wie seine Bilder von Kornfeldern oder Sonnenblumen. Gerade im Bereich der Künste findet man unzählige weitere Beispiele.

Die Naturwissenschaft stärkt unsere Empfindung für das Außerirdische. Wir Menschen befinden uns nahezu in der Mitte zwischen Kosmos und Mikrowelt. Die Masse der Sonne entspricht ungefähr derselben Anzahl menschlicher Körper, wie es in jedem von uns Atome gibt. Unsere Existenz beruht auf der Eigenschaft der Atome, sich miteinander verbinden und die in allen lebenden Geweben vorhandenen komplexen Moleküle bilden zu können. Doch die Sauerstoff- und Kohlenstoffatome in unserem Körper haben ihren Ursprung in fernen Sternen, die schon vor Milliarden von Jahren lebten und ausbrannten.

Der technische Fortschritt, insbesondere in der zweiten Hälfte des zwanzigsten Jahrhunderts, hat unsere Einsichten in unseren kosmischen Lebensraum erweitert. Raumsonden haben uns von allen Planeten unseres Sonnensystems Bilder übermittelt, und die neue Technologie erlaubt es auch, diese Form der kosmischen Erkundung einem breiten Publikum zugänglich zu machen. Als das Hubble-Raumteleskop Bilder von einem Kometeneinschlag in den Planeten Jupiter übermittelte, konnten Millionen von Menschen diese Bilder nahezu zeitgleich im Internet verfolgen. Im ersten Jahrzehnt des einundzwanzigsten Jahrhunderts werden Raumsonden über die Marsoberfläche rollen und sie überfliegen, sie werden auf dem riesigen Saturnmond – Titan – landen, und sie werden Bodenproben vom Mars sammeln und zur Erde zurückbringen.

Unser Universum erstreckt sich um das Millionenfache weiter als die entferntesten Sterne, die wir mit bloßem Auge wahrnehmen, bis hin zu Galaxien, deren Licht über zehn Milliarden Jahre unterwegs ist, ehe es uns erreicht. Die Bezeichnungen bizarrer kosmischer Objekte – Quasare, schwarze Löcher, Neutronensterne – gehören heute zum allgemeinen Wortschatz und ihre Bedeutung vielleicht sogar zum Allgemeinwissen. Wir wissen heute, daß der größte Teil der Substanz in unserem Universum nicht aus gewöhnlichen Atomen besteht, sondern aus geheimnisvollen dunklen Teilchen oder einer Form von Energie, die den gesamten Raum durchdringt. Wir sehen die Erde heute als Teil einer Evolution, die lange vor der Geburt unseres Sonnensystems begann und die bis zu jenem Urereignis zurückreicht, bei dem unser gesamter Kosmos sich aus einer Entität von mikroskopischer Größe heraus entwickelte.

Eine tiefere Einsicht in die Natur von Raum und Zeit könnte unsere Vorstellungen vom Kosmos erweitern und dabei andere Universen jenseits dem unsrigen miteinbeziehen. Dazu gehören vielleicht zusätzliche räumliche Dimensionen oder auch andere Konzepte, die sich von unserer intuitiven Wahrnehmung derart unterscheiden, daß wir sie – falls überhaupt – nur mit Schwierigkeiten verstehen können. Erstaunlich ist schon allein die Tatsache, daß diese Ideen überhaupt Eingang in unsere Forschung gehalten haben.

Das allgemeine Bild, das wir von Albert Einstein haben, besteht nicht nur aus dem einseitigen und ehrgeizigen Forscher, der er in seiner Jugend mal gewesen sein mag, sondern auch aus dem gütigen, etwas zerzausten Weisen, zu dem er in seinen späten Jahren in Princeton wurde. Einer seiner meistzitierten Aphorismen lautet: »Das Unverständlichste an unserem Universum ist, daß es sich verstehen läßt.« Damit bringt er sein Erstaunen darüber zum Ausdruck, daß die physikalischen Gesetze, die wir irgendwie mit unserem Verstand begreifen können, nicht nur auf der Erde gelten, sondern überall, wo wir hinschauen. Unser Universum hätte auch anarchische Züge aufweisen können, in dem die Atome und die zwischen ihnen wirkenden Kräfte in anderen Teilen des Kosmos auch ganz anderen Gesetzen unterliegen, als wir sie hier auf der Erde vorfinden. Doch selbst die Atome in den entferntesten Galaxien scheinen sich nicht von den Atomen in unseren Laboratorien zu unterscheiden. Ohne diese vereinfachende Struktur würden wir unsere kosmische Umgebung weit weniger verstehen.

Doch wie steht es mit den vielen Dingen, die uns unverständlich bleiben? Eine der größten wissenschaftlichen Herausforderungen ist unsere Biosphäre – eine kaum nachvollziehbare Komplexität und Vielfalt an Organismen, Ökosystemen und Gehirnen. Meine Interessen gelten Themen, die nach meinem persönlichen Eindruck leichter zu begreifen sind: der Suche nach den zugrunde liegenden Gesetzen, die sowohl in der Mikrowelt der Atome als auch in der Makrowelt des Kosmos gelten. Und ich möchte verstehen, wie sich aus diesen Gesetzen die Entstehung von Planeten, Sternen und Galaxien beschreiben läßt, und damit die Voraussetzungen für die Entstehung von Leben.

In den letzten Jahren des zwanzigsten Jahrhunderts entstand innerhalb der Astronomie ein neuer und aufregender Forschungszweig: die Entdeckung von Planeten um andere Sterne.

Der Nachthimmel wird bald weitaus interessanter sein: Wir werden Sterne nicht mehr nur als einfache Lichtpunkte am Himmel sehen, sondern mit vielen von ihnen werden wir ein Gefolge von Planeten in Verbindung bringen können, deren wesentliche Eigenschaften wir erforschen können. Wird es auf diesen Planeten intelligente Wesen geben – oder auch nur einfachste Lebensformen?

Falls es tatsächlich so etwas wie Aliens geben sollte, und falls wir jemals mit ihnen in Kontakt treten können, welche Dinge werden uns gemeinsam sein? Die naheliegende Antwort lautet: unser kosmischer Lebensraum. Gleichgültig, welche Art von Evolution diese Aliens von uns unterscheidet, sie werden ebenfalls aus Atomen bestehen und denselben Kräften unterliegen wie wir auch. Sollten diese Wesen Augen haben und ihr Himmel unverhüllt sein, so blicken sie auf dasselbe Panorama von Sternen und Galaxien, das auch uns umgibt. Sie würden ebenso wie wir einer riesigen Ausdehnung von Raum und Zeit gegenüberstehen. Und intelligente Aliens haben vielleicht sogar schon Antworten gefunden auf Fragen wie »Was geschah vor dem Big Bang? Was verursacht Schwere und Masse? Ist das Universum unendlich? Wie konnten sich Atome zu Wesen zusammenfinden, die solche Fragen stellen können – zumindest auf einem Planeten um mindestens einen Stern?« Für uns sind solche Fragen noch Rätsel. Statt uns dem »Ende der Wissenschaft« zu nähern, befinden wir uns immer noch am Anfang der kosmischen Suche.

Die Verknüpfung von Kosmos und Mikrowelt erfordert allerdings noch einen wissenschaftlichen Durchbruch. Die Physik des zwanzigsten Jahrhunderts ruhte auf zwei großen fundamentalen Theorien: der Quantentheorie (welche den »inneren Raum« der Atome beschreibt) und Einsteins allgemeiner Relativitätstheorie, die Zeit, Raum und Gravitation beschreibt, aber keine Quanteneffekte berücksichtigt. Auch heute noch ergeben sich aus beiden Theorien verschiedene Strukturen. Solange es keine vereinheitlichte Theorie aller Kräfte gibt, die sowohl den Kosmos als auch die Mikrowelt umfaßt, haben wir die wirklich grundlegenden Eigenschaften unseres Universums nicht verstanden. Diese Eigenschaften bestimmten und prägten unser Universum, als es noch eine Ausdehnung hatte, bei der jede Quantenfluktuation das gesamte Universum erschütterte.

In seinen späteren Jahren widmete sich Einstein tiefen Fragen, die vermutlich im einundzwanzigsten Jahrhundert auf ein größeres Interesse stoßen werden, als es jemals im zwanzigsten Jahrhundert der Fall war. Die letzten dreißig Jahre seines Lebens beschäftigte er sich vergeblich (und, im Nachhinein gesehen, viel zu früh) mit der Suche nach einer vereinheitlichten Theorie der Physik. Werden wir eine solche Theorie – die Vereinigung von Gravitation und Quantentheorie und eine damit einhergehende Wandlung unserer Vorstellungen von Raum und Zeit – in den kommenden Jahrzehnten finden?

Die derzeit größten Aussichten auf Erfolg hat ein Konzept, das unter dem Namen »Superstring-Theorie« oder M-Theorie bekannt ist. Nach dieser Theorie besteht jeder Punkt unseres gewöhnlichen Raumes aus einer Art enggefaltetem Origami von sechs zusätzlichen Dimensionen, die auf einer Skala aufgerollt sind, die vermutlich Trillionen Mal kleiner ist als ein Atomkern. Teilchen entsprechen in dieser Theorie schwingenden »strings« (eindimensionalen, seilähnlichen Objekten). Doch nach wie vor besteht eine schier unüberbrückbare Kluft zwischen dieser komplizierten mathematischen Theorie und allem, was wir tatsächlich messen können. Trotzdem sind die Anhänger dieser Theorie davon überzeugt, daß die String-Theorie einen guten Funken Wahrheit enthält und daß wir sie ernst nehmen sollten.

Ein *biophiles* Universum – ein Universum mit günstigen Bedingungen für die Entstehung von Leben – muß in vielerlei Hinsicht besonders sein. Die notwendigen Voraussetzungen für die Entstehung von Leben – stabile, langlebige Sterne, ein Periodensystem von Atomen mit der Möglichkeit zu beliebig komplexen chemischen Verbindungen etc. – hängen sehr empfindlich von den physikalischen Gesetzen ab. Würden sich die Naturgesetze oder die Naturkonstanten auch nur etwas von ihrer tatsächlichen Form unterscheiden, hätte der Big Bang nur ein totes Universum – ohne Atome, ohne Chemie und ohne Planeten – hervorgebracht. Oder aber das Universum hätte nicht lange genug existiert oder wäre zu leer gewesen, um irgend etwas anderes als leblose Eintönigkeit zu enthalten. Die besonderen, offenbar ausgezeichneten Naturgesetze und Naturkonstanten, die wir in unserem Universum vorfinden, sind für mich ein tiefes Rätsel, das nicht einfach als reine Tatsache beiseite geschoben werden sollte.

Wie wir mit diesem Rätsel umgehen, hängt mit der Antwort auf eine andere berühmte Frage Einsteins zusammen: »Hätte Gott die Welt auch anders erschaffen können?« Unser Universum und die in ihm geltenden Naturgesetze könnten sich als die einzige mögliche Lösung einer fundamentalen Theorie erweisen – mit anderen Worten: vielleicht gibt es nur eine Form von Universum. Andererseits könnten sich die fundamentalen Gesetze auch in unterschiedlichen Formen realisieren lassen, beispielsweise mit unterschiedlichen Naturkonstanten, die von Universum zu Universum verschieden sind. Und eine solche Vielzahl von Universen könnte es tatsächlich geben.

Welche dieser Möglichkeiten zutrifft, wissen wir nicht. Die Antwort können wir erst finden, wenn uns eine wirklich fundamentale Theorie zur Verfügung steht. Jede Antwort, die nicht auf einer solchen Theorie basiert, wäre reine Vermutung. Trotzdem [müssen wir uns] auch mit den faszinierenden Konsequenzen beschäftigen, die sich aus einem »Ja« als Antwort auf Einsteins Frage [...] ergeben: Gott hatte eine Wahl bei der Erschaffung des Universums. Das, was wir gewöhnlich als Universum bezeichnen – das Forschungsgebiet der Astronomen und das Ergebnis »unseres« Big Bangs – wäre in diesem Fall nur ein winziger Baustein, ein Atom, in einem unendlichen und unvorstellbar reichhaltigen Ganzen. In diesem gesamten »Multiversum« würden einige wenige, fundamentale Prinzipien gelten, doch das, was wir unter Naturgesetzen verstehen, wäre kaum mehr als ein räumlich begrenzter Nebeneffekt, das Ergebnis historischer Zufälle während der ersten Augenblicke nach unserem eigentlichen Big Bang.

[...] Es könnte sein, daß wir bereits erste Hinweise auf andere Universen haben und daß wir sogar Rückschlüsse über sie ziehen können und über die Naturgesetze, die in ihnen gelten. In einem unendlichen Ensemble von Universen wäre das Vorhandensein einiger weniger, besonders ausgezeichneter Universen mit den besonderen Voraussetzungen zur Entstehung von Leben kaum überraschend. Unser kosmischer Lebensraum wäre dann einfach ein Teil dieser besonders ausgezeichneten Menge. Unser gesamtes Universum wäre in diesem Fall eine winzige, aber fruchtbare Oase inmitten eines riesigen Multiversums.

Christian Morgenstern

## *Namenlos*

Gruselett

Auf einem Felsen im Weltmeer,
drauf gespenstisch das Nordlicht brennt,
da lebt ein namenlos Wesen,
das niemand bisher noch kennt.

Es schwebt wie von Blut überflossen
von des Nordlichts gespenstischer Pracht.
Sein meersalzfahles Gefieder
webt Wunder in Weltallsnacht.

Es blickt mit strahlenden Augen
aufs Wellengewell und -gejohl ...
Es hat einen – Fisch im Magen
und fühlt sich gewaltig wohl.

Es weiß nichts von Namen und Worten,
es kennt sich selbst nicht einmal ...
Es *lebt* – – ein namenlos Wesen
im namenlosen All.

Ovid

## *Alles wandelt sich*

Alles wandelt sich, nichts vergeht. Es schweift unser Geist,
kommt
Hierher von dort, von hier dorthin, und dieser und jener
Glieder bemächtigt er sich, geht über aus Tieren in Menschen-
leiber und wieder in Tiere, und niemals geht er zugrunde.
Wie das schmiegsame Wachs sich formt zu neuen Gebilden,
So nicht bleibt, wie es war, die gleiche Gestalt nicht behält, und
Doch dasselbe verbleibt, so lehre ich, ist auch die Seele
Immer dieselbe, doch wandert sie stets in neue Gestalten.
Drum, daß Frömmigkeit nicht von der Gier des Bauches
besiegt sei,

Treibt, so warne ich, nicht die Seelen eurer Verwandten
Aus durch abscheulichen Mord; und es nähre sich Blut nicht
von Blute.
Und, da auf hoher Flut es mich trägt, ich dem Winde die vollen
Segel vertraut: es ist nichts in der ganzen Welt, was Bestand hat.
Alles fließt, es bildet sich wechselnd jede Erscheinung.
Selbst die Zeit, auch sie entgleitet in steter Bewegung –
Gleich wie der Fluß. Denn es kann der Fluß nicht stehn, und
nicht stehn die
Flüchtige Stunde. Und wie von der Welle die Welle gejagt wird,
Wie, von der kommenden selbst gedrängt, sie die vorige drängt,
so flieht und verfolgt zugleich auch die Zeit, und doch ist sie
immer
Neu; denn, was vorher gewesen, es ist vorbei, und es wird, was
Niemals gewesen zuvor; und all das Bewegen erneut sich.
Streben zum Licht hin siehst du die eben durchmessene Nacht,
und
Diesen strahlenden Glanz der Nacht, der finsteren, folgen.
Auch ist die Farbe des Himmels nicht gleich, ob alles in tiefster
Ruhe ermattet liegt, ob der glänzende Stern auf dem weißen
Rosse sich zeigt, und wieder nicht gleich, wenn Aurora voraus
dem
Tage den Erdkreis tönt, den sie Phöbus soll übergeben.
Hebt er sich früh von der Tiefe der Erde, ist rötlich des Gottes
Schild und rötlich, sinkt er unter am Rande der Erde,
Weiß auf der Höhe der Bahn, weil dort die reinere Art des
Äthers herrscht und fern sich hält von der Erde Berührung.
Auch des nächtlichen Mondes Gestalt kann niemals die gleiche
Bleiben, und immer zeigt sich der heutige gegen den nächsten
Kleiner, ist er im Wachsen, und größer, schwindet die Scheibe.
Siehst du nicht auch, wie das Jahr seine vier Gestalten einander
Folgen läßt, wie es im Abbild den Lauf unseres Lebens uns
vorführt?

Zart wie ein Milchkind ist es im ersten Lenz und dem Knaben-
alter vergleichbar: Da schwillt das Kraut, das frische, im Saft,
der
Stärke, des Haltes noch bar, gibt frohes Hoffen dem Landmann
Alles blüht, und es spielt das nährende Feld in der Blumen
Farben, doch ist in den Blättern noch keinerlei Kraft zu
verspüren.
Stärker geworden, geht das Jahr aus dem Lenz in den Sommer
Über – ein kräftiger Jungmann: Es ist ja kein anderes Alter
Stärker, üppiger keins und keins voll größeren Feuers.
Herbst löst ihn dann ab. Der Glut der Jugend verlustig,
Naht er milde und reif, nach der Art seines Sinnes inmitten
Zwischen Jüngling und Greis, an den Schläfen mit Grau schon
gezeichnet.
Dann kommt zitternden Schrittes der greise, struppige Winter,
Ganz seiner Haare beraubt oder weiß, wo ihm Haare
geblieben.
Rastlos wird auch unser Leib verwandelt zu jeder
Stunde: was gestern wir waren und heute wir sind, – wir wer-
den's
Morgen nicht sein. Es gab eine Zeit, da sind wir als Menschen-
keime und Erstlingshoffnung im Schoße der Mutter gelegen.
Angelegt hat die Natur ihre Künstlerhände: Sie wollte
Nicht, daß ein Leib im gespannten Schoß der Mutter geengt sei,
Und entsandte ihn drum aus dem Haus in die freieren Lüfte.
So an das Licht gebracht lag ohne Kräfte das Kind da.
Vierfüßig hat es dann bald wie ein Tier seine Glieder getragen
Und sich allmählich zum Stand erhoben auf schwankenden,
schwachen
Knieen und half dabei seinen Kräften durch irgendein
Stützwerk.
Stark und geschwind ist darauf es gewesen, durchmaß seiner
Jugend

Zeitraum; und hat es dann auch die mittleren Jahre durchlaufen,
Gleitet's auf steiler Bahn zum gebrechlichen Alter des Greises.
Dies untergräbt und zerstört der vorhergegangenen Jahre
Kräfte. Und Milon weint, der gealterte, sieht er die Arme
Kraftlos hangen und schlaff, die, strotzend von mächtigen
Muskel-
wülsten, einstmals denen des Hercules ähnlich gewesen.
Auch des Tyndarëus Tochter, sie weint, erblickt sie die Greisen-
falten im Spiegel und fragt sich, weshalb sie zweimal entführt
ward. –
Zeit, du gefräßigste du, und du, du neidisches Alter,
Alles zerstört ihr, verzehrt allmählich, was vorher der Stunden
Zähne benagt und geschwächt, in langsam schleichendem Tode!
Die auch, die Elemente wir nennen, beharren nicht stet, die
Wechsel, die sie durchlaufen – merkt auf – will jetzt ich euch
lehren:
Vier urzeugende Stoffe enthält das ewige Weltall;
Zwei von ihnen besitzen Gewicht und werden von eigner
Masse belastet zur Tiefe gezogen: Erde und Wasser.
Ebensoviele sind frei von Schwere und streben, da nichts sie
Drückt, nach der Höhe: Die Luft und, reiner als diese, das
Feuer.
Diese, im Raume getrennt, sie gehn doch ein jedes ins andre
Über und fallen zurück in sich selbst: die Erde, sie löst in
Flüssiges Wasser schwindend sich auf, das Wasser verflüchtigt
Weiter sich dann in die Luft, die Luft, ihrer Schwere entledigt,
Steigt, auf das feinste verdünnt, empor zu den Höhen des
Feuers.
Rückwärts geht es von da, und der nämliche Weg wird durch-
messen.
Denn, verdichtet, wird das Feuer zu dunstiger Luft und
Diese zu Wasser, und Erde entsteht aus sich ballenden Wellen.
Keinem bleibt seine äußre Gestalt, die Verwandlerin aller

Dinge, Natur, sie läßt aus dem Einen das Andere werden.
Glaubt mir, nichts in der ganzen Welt geht wirklich zugrund, es
Wandelt sich nur, erneut sein Gesicht. Und geboren zu werden,
Heißt, etwas andres als vorher zu sein, *beginnen,* und sterben,
*Enden,* dasselbe zu sein. Mag dies und jenes von hierher
Dorthin getragen auch werden, im Ganzen ist alles beständig.

Aus den ›Fliegenden Blättern‹

## *Populäre Vorlesungen aus dem Gebiete der Naturgeschichte*

von Dr. Andreas Zapfelberger,
Professor der Naturgeschichte etc.

Meine Herren Hörer!

Naturgeschichte, um eine leicht begreifliche Einleitung auf den Gegenstand zu machen, den ich Ihnen vorbringe, Naturgeschichte ist jene Geschichte, die das dem Menschen klarmacht, was, wenn er es näher wissen will, ihm die Naturgeschichte lehrt. Ich glaube, einen langen Begriff kurz entwickelt zu haben, und beginne daher, Ihnen diejenigen Tiere vorzugsweise zur Kenntnis zu bringen, welche genugsam bekannt, keiner weiteren Erklärung bedürfen, und dadurch an und für sich schon der beste Gegenstand zu populären Vorlesungen sind. Am hervorragendsten unter jenen sind:

*Der Affe* (Simia homo). Der Affe ist der Mensch unter den Tieren und deshalb meist ein Pavian. Er hat vier Hände und ist deshalb sehr geeignet für musikalische Gesellschaften.

Wenn man einen Affen fängt, mit Leim anstreicht, und dann vor ihm ein Paar Stiefel anzieht, so wird er, seiner Neigung gemäß, dies nachzuahmen suchen und auf diese Weise leicht und angenehm gefangen werden.

Seine Kinder liebt er wie junge Affen. Wenn man einem jungen Affen etwas zu essen bringt, was die Mutter gerne haben möchte, so drückt sie dem verständigen Jungen durch Grimassen aus, es könnte ihm schaden und frißt es sodann aus reiner mütterlicher Aufopferung.

Wird ein Affe krank, so erschlagen ihn die andern schleunigst mit Ästen und Steinen. Und deshalb behaupten einige rohe ungebildete Negerstämme in Afrika, daß die Affen auch Doktoren, aber schnellere als die Menschen besäßen.

Nahe verwandt mit dem Affen ist das *Pferd* (Equus cabalus). Dieses ist der Esel des Menschen und muß mehr ziehen als ein Waisenknäblein beim geheiligten Lotto. Es wiehert, wenn ihm etwas Angenehmes begegnet oder sieht, deshalb schlägt es aus, wenn sich ihm ein Mensch nähert.

Wenn einem Pferde die Rippen herausstehen und die Zunge heraushängt, findet es der Wiener comfortable aussehend und spannt es vor einen Cab-Putscher, der in der Gabel geht. Von diesen Tieren wird dann, wenn sie im höchsten Alter sterben, von berühmten Chemikern das bekannte Wurstgift bereitet. Eine Abart des Pferdes kömmt bei der Kavallerie vor und heißt, je nachdem es aus mehr oder weniger Husaren oder Dragonern besteht, Schwadron oder Eskadron.

*Der Hirsch* (Cervus elaphus campestris communis silvestris domesticus coronatus). Der Hirsch ist wirklich ein Hirsch unter den Hirschkühen und ist so schnell, daß er gerne gejagt wird. Wird der Hirsch mannbar, so bekömmt er Geweihe und erneuert sie, den neuesten Forschungen zufolge, nicht jeder jährlich, sondern es gibt Hirsche, die all ihr Leben dieselben Geweihe haben. Setzt er sie jedoch im Herbste ab, so bekömmt er im Karneval wieder neue. Der Hirsch findet sich in allen Regionen im Laub- und Nadelholz.

Ihm verwandt ist *das Rentier* (Cervus rennens), welches noch schneller läuft und deshalb nicht gerne gejagt wird.

Das Rentier ist in Lappland das, was bei uns der Briefträger, nur daß es noch gemolken wird.

*Das Schwein* (Suum cuique, Linné) ist jenes Tier, welches sich an jenen Orten aufhält, wo sich bloß ein Schwein aufhalten kann. Mit Kren genossen ist es eine Lieblingswurst der Frankfurter, und ist überhaupt zu vielem nützlich. Es wird zu Koffern, Kleiderbürsten, Borsten, Bürstenbindern und vorzüglich zu Schweinernem verwendet, welches das hauptsächlichste und Lieblingsessen der ärmeren Ungarn ausmacht und in der dortigen Sprache Wassermelonen genannt wird. Auch wird es als Vorwurf für Kinder, welche sich nicht waschen wollen, benützt.

*Der Hase* (Lepus gespictus Cuvier) ist der Spatz unter den Nagetieren und wird hauptsächlich zur Fabrikation von Hutmachern benützt. Der Hase ist sehr schnell und furchtsam; es gibt aber auch Hasengattungen, die nicht so schnell und furchtsam sind, z.B. das Hasenpanier, welches sich sogar ergreifen läßt. Seine Furcht kömmt daher, weil er bloß Kraut genießt und dies eine deutsche Nationalspeise ist.

Die Augen des Hasen sitzen so weit draußen, daß sie beinahe nicht mehr drinnen sitzen, und er deshalb auch von hinten sehen kann, was vorne geschieht. Nichtsdestoweniger gibt es auch Hasengattungen, denen die Augen nicht so weit draußen sitzen, z.B. das Zebra.

*Der Bock* (Caper capernsauçe). Der Bock ist jenes Tier, welches auch als Bier getrunken werden kann. Er ist sehr ungezogen und bockbeinig, aber auch zum Springen eingerichtet. Er ist ein abgesagter Feind von allem, was fett ist, und stößt sogar den Menschen, wenn er fett ißt. Der Bock hat eine starke Hirnschale und auf derselben zwei Hörner. Die Hörner sind oft so groß, daß man ganze Armeen hineinjagen kann. Die Fundörter des Bockes sind: Turnsäle, wo er als zweckdienliches Mittel jungen Leuten zu angenehmen und wohlfeilen Quetschungen zu verhelfen, sehr beliebt ist, und ferner die Bräuhäuser, wo er gekocht wird.

*Der Bär* (Ursus brummosus). Der Bär ist jenes Tier, aus welchen die Grenadiermützen gemacht wurden; da jetzt die Grenadiere aufhören, so werden aus den überflüssigen Mützen wieder Bären gemacht. Der Bär kömmt als Nichts auf die Welt und dieses Nichts leckt die Bärenmutter so lange, bis ein junger Bär daraus wird. Es gibt eine Menge Gattungen von Bären, am unschädlichsten sind die Stachelbären, welche sich von den kleinsten Kindern angreifen lassen. Wird der Bär alt und weiß, so geht er nach Norden, wo er als Eisbär auf Nordpolexpeditionen verwendet wird, um Matrosen zu konsumieren.

*Die Giraffe* (Camelopardalis pardalocamelis) ist, wie man aus der Farbe, der Gestalt und allem andern leicht erkennen kann, nichts anderes als eine Mißgeburt des Meerschweinchens. Sie hat einen so langen Hals, daß selbst der Elefant einen kürzeren hat, und wird auch natürlicherweise gejagt. Schnell und hinterlistig ist sie genug, das sieht man aus der Länge ihrer Füße. Kommt ihr der Jäger zu nahe, so fällt sie plötzlich in eine Grube, daß bloß der Hals hervorragt, der Jäger, hiedurch getäuscht, da er glaubt, es sei eine Mautschranke, hält sein Pferd an und zieht das Mautgeld hervor, aber währenddem gewinnt die Giraffe Zeit, sich lautlos mit fröhlichem Gewieher, gleichsam dem Jäger zum Spotte, in die Wüste zu entfernen und verbirgt sich so geschickt in den Sand, daß er sie nicht wiederzufinden imstande ist.

*Der Stier* (Taurus kälbernes). Diesem, einem der nützlichsten Tiere, stehen, wenn es als Kalb geboren, drei sichere Laufbahnen vor Augen. Entweder: Erstens: als weibliche Kuh bei der

Kaffeeverschlechterung mitzuwirken, zweitens: als männlicher Stier im patriarchalischen Kreise auf die Weide geprügelt zu werden, oder endlich drittens als sächlicher Ochse dem Mästen und unentrinnbaren Beefsteak-Tode entgegenzugehen. Die Nützlichkeit und Mannigfaltigkeit der Verwendung dieses Tieres ist entsetzlich. Der Stier wird zu Juchtenstiefeln verwendet und von ihm die bekannten Kuhhörner gewonnen, worauf der Kuhreiger gerne vor Sonnenauf- und Untergang den Schweizer bläst. Die Schotten besitzen Kühe ohne Hörner, deshalb bläst der schottische Schweizer den Kuhreigen auf einem Sack, welcher dudelt, wenn man ihn quetscht. Eine bekannte Abart des Stieres ist der Kalbsschlegel, und der Ochse ist das nützlichste von alledem. Er ist eine alte Erfindung, und schon Cato rief auf dem Fischmarkte zu Rom: »Oh, wo kömmt der Staat hin, in welchem ein Fisch mehr als ein Ochse kostet?« Spätere römische Staatsmänner haben dies beherzigt und es dahin gebracht, daß das Rindfleisch teurer wurde und jeder arme Römer, der sich darüber aufhielt, umsonst Fische kriegte. Noch ist nicht alles gesagt. Die kleinste Kleinigkeit dieser Tiere ist verwendbar, der Schach von Persien z. B. läßt sich die Fliegen von einer Sklavin mit einem Kuhschwanz verjagen, und die Unschlittkerzen sind ein Erzeugnis der Ochsen. Die Millykerzen werden aber nicht von Kühen verfertigt. Aus dem Leder der Ochsen und Kühe werden Unmassen von Dingen verfertigt, ja man hat es sogar in Hungerszeiten gegessen. Sie werden mir, meine Herrn Hörer, den Seitensprung wohl erlauben, wenn ich Ihnen erzähle, daß ich, trotz der großen Billigkeit der Lebensmittel in Steiermark, dortselbst einen Schuster kenne, der sich, sein Weib und zwei Kinder von nichts als rindsledernen Stiefeln ernährt. Nun glaube ich, genug von dem Ochsen gesagt zu haben und füge nur noch für jene, die es nicht wissen sollten, hinzu, daß das Kalbfleisch mit Milch gewaschen, sehr weiß wird, und daß dieses Mittel deshalb von vielen Hausfrauen und Fräulein gebraucht wird.

Richard Fortey

## *Geschichte des Lebens*

Die Geschichte des Lebens kann man sich vorstellen als ein fortgesetztes Überwinden von Schwellen, bei dem jeweils mehr Freiheit für Wachstum und Wandel entstand. Nachdem die erste Schwelle überwunden war, der Zusammenschluß sich replizierender Moleküle zu lebenden Zellen, folgte die nächste: die Zellen wirkten in Geweben und Organismen zusammen; später kam die Differenzierung in Geschlechter, die das Tempo des Wandels erhöht; dann wurde das Land besiedelt, und schließlich eroberte das Leben die Luft, die es selbst erzeugt hatte. Die letzte Schwelle ist dann jedoch das Bewußtsein, das den Geist von den Beschränkungen bloßer Zellen befreit, das es der Vorstellungskraft erlaubt, noch nie erlebte Situationen zu erkunden. Ein Ichbewußtsein und die Vernunft sind jene Merkmale, die wir gern allein dem Menschen zuschreiben. War dies ein ebensolches Artmerkmal wie das Gefieder des Fasans oder des Paradiesvogels oder die Tüpfel im Fell des Leoparden? Es liegt an der Einzigartigkeit dieser Schwelle, wenn diese eine Art in meiner Erzählung einen unverhältnismäßig großen Platz einnimmt: der Mensch als Denker, der weise Mensch.

Noam Chomsky hat gezeigt, daß alle Sprachen gemeinsame Grundstrukturen haben – die Bausteine von Babel. Sprache ist mehr als eine erlernte Fähigkeit wie das Foxtrott-Tanzen. Die Konversation an der Teetafel ist das, was den Menschen auszeichnet. Daß Sprechen und Denken sich zusammen entwikkelten, ist eine ebenso vernünftige Annahme wie die, daß die symphonische Musik sich zusammen mit dem Orchester entwickelte. Die mit der Sprache befaßten Teile der Stirnlappen des Gehirns sind beim Menschen, wie zu erwarten, besonders stark entwickelt. Aber nichts wäre möglich ohne die »Technik«

des Kehlkopfs und der Stimmbänder. Gehirn, Stimme und Bewußtsein gehören zusammen als eine *Gestalt* – im Geschäftsleben würde man von einem »Paket« sprechen. Die Antwort auf die Frage, ob zu dieser innovativen Zusammenarbeit auch eine unsterbliche Seele gehörte, überlasse ich den Theologen. Es ist aber nicht zu bezweifeln, daß das Gefühl der »Ichheit« zu den Dingen gehört, die unsere Art kennzeichnen. Wenn wir also den empfindungsfähigen Ureinwohner des Neandertals aussondern und zu einer anderen Art schlagen, dann entthronen wir zugleich *H. sapiens* als den einzigen Besitzer von Bewußtsein. Wenn schon der »archaische« *H. sapiens* (der jetzt vielfach als eine eigene Art, ja sogar als mehrere Arten angesehen wird) dieselben Fähigkeiten besaß, wird das Bewußtsein nur zu einem Merkmal unter anderen und seine Entwicklung zu einer graduellen Sache, wie die Fülle der Schwanzfedern der *Paradisidae,* der Paradiesvögel. Dies kann durchaus bedeuten, daß der Menschheit definitiv eine besondere Stellung innerhalb der Natur abgesprochen wird.

Auf der trostlosesten der Reisen Lemuel Gullivers ließ Dekan Swift die Besonderheiten des Menschen in zwei getrennten Verkörperungen auftreten. Die höheren Vermögen, speziell die Vernunft, waren Besitz der Houyhnhnms, von Pferden ganz außergewöhnlichen Adels, die sich in allen Dingen von der Gabe der Logik leiten ließen. Die andere Hälfte, die schmutzige Seite der Menschheit, war verkörpert in den Yahoos, haarigen, zwergenhaften, herumwuselnden Wesen von ungezügelten Neigungen. Swift hat sich unverkennbar vor diesen grausigen, nicht vertrauenswürdigen Tieren geekelt, und man wird eigentlich kaum im Zweifel darüber gelassen, daß sie seiner Meinung nach den größeren Teil der Menschheit ausmachen. Sie haben eine merkwürdige Ähnlichkeit mit gewissen Rekonstruktionen der Neandertaler, obwohl *Gullivers Reisen* weit mehr als hundert Jahre vor deren Entdeckung erschien. Im Englischen wird unzivilisiertes Benehmen abschätzig mit *»Yahoo«* bezeichnet, und im gleichen Sinne habe ich auch schon das Wort *»Neandertal«* gehört. Swift trennt in seiner bifokalen Sicht der Menschheit die altruistische Seite, die angeblich von der gepriesenen Vernunft unterstützt wird, von einer dunkleren, instinkthaften Seite, die für ihn allzu oft die Oberhand gewinnt. Im 19. Jahrhundert hätte man vielleicht gesagt, die Yahoo-Seite sei eine Hinterlassenschaft unserer »Äffischkeit«, unsere Houyhnhnm-Seite dagegen die jüngere Innovation, die uns aus den dunklen Verwicklungen herausholt. Gelegentlich werden Studien über die Sozialstruktur von Schimpansen und Gorillas als Beleg für die Grundlagen unseres eigenen Verhaltens und besonders unseres schlechten Benehmens angeführt, so als seien dies nicht ganz andere Arten, sondern eine Yahoo-Version unserer eigenen. Mein Gekicher (als kleiner Junge) über die Teestunde der Schimpansen im Zoo wurzelte vermutlich in einer solchen Wahrnehmung. Nun, da wir über die Komplexitäten unserer Ursprünge ein wenig im Bilde sind, haben wir wahrscheinlich mehr Anlaß denn je, uns vor so einfachen Vergleichen in acht zu nehmen. Möglicherweise reichte schon der in der menschlichen Abstammungslinie eingetretene Verlust des beträchtlichen Größenunterschieds zwischen Männchen und Weibchen, um eine völlig andere Sozialstruktur hervorzurufen, als wir sie bei unseren rezenten äffischen Verwandten beobachten, bei denen die Männchen körperlich dominant sind. Unleugbar ist die Ähnlichkeit unserer Gesten, die aber keine Ähnlichkeit der Bedeutung garantiert.

Was immer es mit seinen Ursprüngen auf sich hat – *H. sapiens* hat sich in den letzten 30 000 Jahren auf der ganzen Erde ausgebreitet und sich dabei an Klimaänderungen angepaßt. Weil sie tierische Häute als Kleidung benutzten, konnten Menschen ein breiteres Spektrum von Umgebungstemperaturen vertragen als jede Tierart, die jemals gelebt hat. Von Afrika aus zogen Menschen über die Arabische Halbinsel in den Mittleren Osten und von dort nach Asien hinein. Während dieser Zerstreuung entstanden die bis heute erhalten gebliebenen äußeren Unterschiede in Hautfarbe und Körperwuchs und die subtileren, unsichtbaren Unterschiede in den Genen, auf denen die verschiedenen Menschheitsrassen beruhen. In einer der Vereisungsphasen, vermutlich vor rund 15 000 Jahren, war in den Eisdecken soviel Wasser gespeichert, daß der Meeresspiegel weltweit so tief sank, daß sich in der Beringstraße, einer eisfrei gebliebenen Region, eine Landbrücke aus dem Meer erhob. Alte Asiaten wanderten nach Alaska. Anschließend zogen diese Menschen weiter nach Süden, um die »Indianer«stämme der Prärien zu begründen, und wiederum weiter über die Landenge von Panama und noch weiter durch Amazonien, bis sie schließlich in Feuerland ankamen, wo die abgeschiedensten Menschen zäh und allein blieben, bis sie den jungen Charles Darwin auf der Reise der *Beagle* in Erstaunen versetzten. Andere Menschengruppen fanden ihren Weg durch das heutige Indonesien und Neuguinea, bis sie in Australien ankamen. Man hat sie »Aborigines« getauft, Ureinwohner – ein recht unpassender Name für Menschen, die von so weit her gekommen sind und so viel gelernt haben.

Man hat die Eigenschaften der frühen Stammesgesellschaften aus begrenzten archäologischen Funden erschlossen, ergänzt durch Vergleiche mit heutigen Stämmen, die von Sozialanthropologen beschrieben wurden. Wenn es freilich in einem ernsthaften Dokumentarfilm über einen Stamm in Amazonien heißt, er habe sich »seit der Steinzeit kaum geändert«, dann ist das bloße Vermutung. Woher können wir das überhaupt wissen? Vertretbar ist allenfalls die Behauptung, daß Stammesvölker, die noch immer ein Wanderleben führen, so etwas wie ein Modell für den Zustand der Menschheit nach der ersten Zerstreuung abgeben. Man kann daher getrost behaupten, daß die Menschen ursprünglich Jäger und Sammler waren und jeder Stamm genau an seine Umgebung angepaßt war. Die Stammesmitglieder halfen sich gegenseitig, und jeder einzelne hatte eine bestimmte Funktion innerhalb einer Gemeinschaft, die häufig auf Wanderschaft war. Kenntnisse über die Eßbarkeit von Pflanzen und die Verwendung ihrer Gifte wurden durch Versuch erworben – über den zugehörigen Irrtum werden wir nie etwas erfahren; so probierte irgend jemand irgendwo eine Magnolienart aus und erklärte sie zu Tee. Die Jäger und Sammler zogen durchs Land und waren ein Teil von ihm. Mythen banden die Menschen aneinander, und Tiere und Pflanzen waren in diese Mythen einbezogen. In manchen Gesellschaften wurde das Land selbst zu einer Verlängerung des Bewußtseins, wie es Bruce Chatwin für die Bewohner des australischen Outback höchst denkwürdig in seinem Buch *Traumpfade* beschrieben hat.

Als die Eiskappen abschmolzen und der Meeresspiegel wieder stieg, waren die neuen Völker isoliert. So nahm Südamerika eine Eigenentwicklung, bis Columbus und Vespucci auftauchten. Kulturelle Unterschiede wurden durch Eigentümlichkeiten des Ritus und der Sprache verfestigt. Die kulturelle Vielfalt der Menschheit entstand in den rund 10 000 Jahren der Stammesdifferenzierung. Verschiedene Jagdgeräte prägten die jeweilige karnivore Lebensweise, je nach den vorhandenen jagdbaren Tieren: Blasrohre, Bumerangs, Keulen oder Harpunen. Bei allen Völkern wurden Rituale durch Musik und Tanz unterstützt, und vor der Einführung der geschriebenen Gesetze wurden die Gesellschaften durch feierliche Rituale zusammengehalten. Erst waren die Riten da, dann kamen die Rechte. Rituale in Verbindung mit der Initiation in die Mannbarkeit, mit der Jagd und mit Festtagen gibt es offenbar bei allen heutigen Stämmen, und oft haben sie eine religiöse Bedeutung angenommen. Merkwürdigerweise scheint die neurale »Verdrahtung« der Musik im Gehirn von anderen kognitiven Funktionen getrennt zu verlaufen (der schriftstellernde Psychologe Oliver Sacks hat beschrieben, daß ein Mann, der seine Frau wegen eines Hirnschadens nicht von einem Hut unterscheiden konnte, trotzdem Chopin und Scarlatti spielen konnte). Es ist doch eigentlich wunderbar, daß als eine natürliche Folge der Entwicklung der Menschheit der Hang zum Singen entstand.

Scharmützel zwischen benachbarten Stämmen gehörten vermutlich von Anfang an zum normalen Leben. Die Angehörigen der Kriegerkaste sind bis heute die bestangezogenen, die prächtigsten, am wenigsten *Yahoo*-artigen Mitglieder des Stammes. Der erstaunliche Erfindungsreichtum der Menschen wurde, fürchte ich, nicht überwiegend auf die Diskussion abstrakter Tugenden gerichtet. Wo die Menschheit sich breitmachte, starben mehrere Großtierarten aus. Ob an diesem Aussterben ein intelligenter, zweibeiniger Hominide mit einer Art beiläufiger Unersättlichkeit schuld war, ist heiß umstritten. In Neuseeland gab es einen riesigen flugunfähigen Vogel, den Moa, der zu Tausenden über die Inseln zog, als eine Art wandelndes Festmahl. Zwischen dem Eintreffen der ersten Maoris und dem Rückgang sowie der Ausrottung dieses riesigen Emus scheint ein zeitlicher Zusammenhang zu bestehen. Es sind fossile Festmähler gefunden worden. Sogleich kommt einem die unangenehme Vorstellung von Menschen in den Sinn, die sich bis zur Übersättigung gütlich getan hatten und sich trotzdem immer noch einen Vogel schnappten, bis nichts mehr in sie hineinging. Was aber war mit dem Riesenfaultier, dem Mammut oder dem Höhlenbär? Diese Tiere waren gleichfalls dem Klimawandel ausgesetzt, der zum Aussterben einer Art auf eine weniger auffällige Weise beitragen kann, indem er sie in immer entlegenere Rückzugsgebiete zurückdrängt, bis eine anfällig gewordene Population sich ein verirrtes Virus einfängt, von dem es sich nicht mehr erholt. Jedenfalls ist es genauso plausibel, daß der Klimawandel – ebenjener Wandel, der sich zeitgleich mit dem

Aussterben des Neandertalers vollzog – diese wunderbaren Geschöpfe anfällig machte. In vielen Fällen wird das Beutetier von Stammesangehörigen zugleich verehrt und verzehrt. Nordamerikas Indianer mußten sich beim Geist der von ihnen erlegten Tiere entschuldigen. Auf der Stufe der Jäger und Sammler hat die Menschheit wenn nicht in Harmonie, so doch im Gleichgewicht mit anderen Großtierarten gelebt. Aus dem Lot geriet das Verhältnis offenbar mit dem Aufkommen der Feuerwaffen. Der Auerochse, *Bos primigenius*, der wildlebende Vorläufer des Hausrinds, schon auf den Wänden von Lascaux festgehalten, überlebte bis 1627, als das letzte Exemplar in Polen erlegt worden sein soll. Man muß sich außerdem klarmachen, daß eine kleine Mammutart auf der Wrangel-Insel bis vor fünftausend Jahren überlebt hat – bis in die Zeit, zu der Menschen andernorts Pyramiden errichteten.

Manche Stämme folgten den Herden wildlebender Tiere auf ihren alljährlichen Wanderungen, wie es die Lappen bis heute tun. Die Tiere lieferten Nahrung, ihre Häute Kleidung, ja sogar Unterkunft. Doch in reicheren Weidegründen wurde die Viehhaltung erfunden. Warum den Herden hinterherziehen, wenn man sie bändigen und beschützen kann? Das geschah unabhängig voneinander in mehreren Gesellschaften, denn einige fernöstliche Gegenden domestizierten das Schwein, andere im fruchtbaren Mittleren Osten züchteten Schaf und Ziege und möglicherweise das Hausrind, während in Mittelamerika das Lama gezähmt wurde. Schweine und Rinder gehen jeweils auf eine einzige wilde Stammart zurück, von denen das Wildschwein, das der Gallier Obelix so liebte, bis heute überlebt hat. Der Stammbaum von Schafen und Ziegen ist verwickelter: Die stilleren Tiere wurden ausgewählt, die leichter lenkbaren gegenüber den eigenwilligeren bevorzugt, bis sich durch fortgesetzte menschliche Auslese nach und nach eine domestizierte Varietät entwickelte. Deshalb sind die Gazellen nie domestiziert worden; ihre feinnervige Art wird sich der Viehzucht nicht beugen. Jene Tiere, die reichlich Milch gaben oder süßeres Fleisch lieferten, wurden gegenüber ihren wilden Pendants bevorzugt. Allerdings wurde das Rind anfangs in weiten Teilen seines Verbreitungsgebiets mehr als Arbeitstier denn als Milchtier genutzt. Die Mehrheit der Han-Chinesen kann Milchprodukte bis heute nicht verdauen und findet die Vorstellung, Käse zu essen (igittigitt, *verdorbene Milch!*), ausgesprochen abstoßend. Gerade einmal tausend Jahre später, und es gab schon verschiedene Züchtungen, die sich für spezielle Zwecke oder als Weidetiere eigneten. Das Vieh war bestimmt eines der ersten unerschöpflichen Gesprächsthemen, und ich kann mir vorstellen, daß Menschen aus der Jungsteinzeit bestimmte Gebärden und das Betätscheln der Flanken der Tiere, wie es an einem Freitagmittag in einem englischen Marktflecken zu beobachten ist, sehr gut verstanden hätten.

Sogar das Houyhnhnm wurde von seinem wilden Weidegrund geholt und das Gebiß in sein weiches Maul eingeführt. Diese Tiere werden noch immer von Zureitern »zugeritten«, ein Wort, in dem sowohl die Unterwerfung als auch ein Hauch von verlorenem Adel anklingt. Wer zuerst einen der letzten der »unpaarhufigen« Pflanzenfresser gezähmt hat, ist unter den Gelehrten umstritten, doch als sie im fünften Jahrhundert aus der Mongolei mit Kriegern auf dem Rücken hereingefegt kamen, war die Wirkung unzweifelhaft neuartig und verheerend.

Die Domestikation führte zu Einfriedungen – Feldern – und zu der Idee, dem Tier das Futter zu bringen, statt es in einer feindlichen Welt frei umherschweifen zu lassen. Einfriedung bedeutete auch Besitz und brachte die Idee mit sich, den Reichtum an der Menge der Rinder oder Schafe zu messen. Die Quelle des Materialismus könnte die Domestikation von Schweinen und Ziegen gewesen sein. Bei vielen afrikanischen Stämmen ist die Zahl der Rinder noch heute Maßstab für Wert und Besitz. Schafe und Ziegen wurden so zahlreich wie die Menschen. Nicht länger echte Fossilien, tauchen sie auf, wenn Abwasserleitungen verlegt oder Gärten tief umgegraben werden. Sie sind so häufig, daß das Natural History Museum in London eigens eine Karte drucken ließ, um die noch immer massenhaft eintreffenden Anfragen abzuwehren. Die Fundstücke, die zur Prüfung vorgelegt werden, sind Zähne und Knochen von Pferd, Rind, Schwein, Schaf, Ziege oder Hund.

Pflanzen wurden domestiziert zu Nutzpflanzen. Das war eine Befreiung von der Plackerei, ständig nach Nahrung zu suchen, um hier eine Beere, dort eine Wurzel zu finden. Während die Frage, ob die Verwandlung der Vorläufer des Menschen in seine moderne Form sich an einem Ort oder in einem größeren Bereich vollzogen hat, noch umstritten ist, steht außer Frage, daß 5000 bis 10 000 Jahre vor der Gegenwart in ganz verschiedenen Erdteilen mit der Züchtung verschiedener Getreidepflanzen begonnen wurde. In Südamerika wurde vor 5000 Jahren der Mais (und daneben das Meerschweinchen) domestiziert, völlig unabhängig davon, daß rund 5000 Jahre früher im »fruchtbaren Halbmond« zwischen Euphrat und Tigris züchtungsfähige Sorten von Weizen, Gerste und Erbsen ausgewählt wurden. Die Idee, Pflanzen zu züchten, trat in verschiedenen Gesellschaften unabhängig voneinander auf. Fossile Belege der Tier- und Pflanzenzucht in Gestalt von Knochen oder Sporen tauchen in vielen archäologischen Grabungsstätten gleichzeitig auf. In Jericho sind die Überreste von Zuchtgetreide älter als die von Haustieren. [...]

Der Mensch teilt sein Brot mit anderen. Getreide zu mahlen, Teig zu bereiten und Brote zu backen, das ist ein erster Akt der Zivilisation. Claude Lévi-Strauss hat gezeigt, wie wichtig die Rituale der Nahrungszubereitung für den sozialen Zusammenhalt sind. Wie oft ist das Brechen und Austeilen von Brot in der Bibel der einfachste und zugleich tiefste Ausdruck von Altruismus und Zusammengehörigkeit. Ich stelle mir gern vor, daß die dünnen Gurkensandwiches, die Lady Smith Woodward Louis B. Leakey servierte, in einer kulturellen Kontinuität mit den ungesäuerten, aus grobem Mehl gebackenen Laiben standen, welche die ersten Züchter verspeisten. Ich habe ein Brot aus Emmer, einem primitiven Getreide, gekostet, das ein experimentierfreudiger Archäologe bereitet hatte. Es schmeckte nicht sonderlich gut, war eher steif und zäh, aber vermutlich besser als die schwammigen Klötze, die man in Supermärkten kriegt. Vielleicht ist es am Ende das, was wir an der Teestunde der Schimpansen so abstoßend finden: Sie teilen nicht das Brot miteinander.

Die Züchtung führte zur Seßhaftigkeit. Bei Meschiritsch in der Ukraine fand man Unterkünfte aus Mammutknochen, eine komplizierte, sorgfältig ineinandergefügte Masse von Rippen, Schenkelknochen und Wirbeln. Sie waren 15 000 Jahre alt, und sie dürften wahrscheinlich älter sein als der Ackerbau in dieser Region. Möglicherweise hat der ungewöhnliche Baustoff für ihre Dauerhaftigkeit gesorgt, denn ansonsten findet man kaum frühe Behausungen aus der Jungsteinzeit. Die Entstehung fester Dörfer ist noch immer weitgehend eine Sache der Spekulation. Was wir erkennen, ist, daß Nahrungsüberschuß zu einem strukturierten System geführt haben könnte, zu jenen unzähligen Gesellschaften, die von den Sozialanthropologen untersucht wurden und deren einzige Gemeinsamkeit darin besteht, daß sie einen Häuptling und einen Schamanen haben. Der Schamane bewahrt die Geheimnisse der Natur, indem er esoterisches Wissen hütet; achtsame Rituale unter seiner Leitung sorgen dafür, daß die Sonne aufgeht, daß es regnet oder daß die Ernte reichlich ausfällt.

Es gab weitere, auf dem Seßhaftwerden basierende Entdekkungen. Aus Ton und Stroh wurden Ziegel, aus Ziegeln Häuser. Aus in der Sonne gebackenem Ton aus Flußbetten machte man

Gerätschaften. Durch Brennen des Tons erhielt man festere Töpfe; man formte Speicherkrüge, um in guten Jahren zu sparen und damit die schlechten Jahre besser zu überstehen. Nun entstand ein Füllhorn neuer Artefakte. In vielen Regionen besteht zwischen der Domestikation der Tiere und dem Aufkommen der Töpferei ein enger zeitlicher Zusammenhang. Die Bevölkerung verdoppelte und vervierfachte sich. Mehr Menschen bedeutete mehr Erfindungsreichtum; der Andrang der Erfindungen hielt mit dem Bevölkerungswachstum Schritt und ist seither nicht zum Stillstand gekommen. Das Schreiben begann auf eine höchst zweckmäßige Weise, mit dem Zählen von Linsen oder dem Backen von einem Dutzend Brotlaiben, das auf einer Tontafel festgehalten wurde. Dörfer taten sich zusammen. Alexander Pope hat es in seiner *Untersuchung des Menschen* beschrieben:

> Dieß sprach die mächtige Natur; der Mensch gelehrig, folget' ihr.
> Es wurden Städte aufgeführt, wodurch Versammlungen entstunden,
> Ein kleiner Staat erhob sich hier,
> Ein andrer dort. Die wurden bald durch Lieb', auch durch die Furcht, verbunden,
> Da aller Absicht einerley.

Die Geschichte konnte beginnen.

Gottfried Keller

## *Die Zeit geht nicht, sie stehet still*

Die Zeit geht nicht, sie stehet still,
*Wir* ziehen durch sie hin;
Sie ist ein Karavanserai,
Wir sind die Pilger drin.

Ein Etwas, form- und farbenlos,
Das nur Gestalt gewinnt,
Wo ihr drin auf und nieder taucht,
Bis wieder ihr zerrinnt.

Es blitzt ein Tropfen Morgentau
Im Strahl des Sonnenlichts –
*Ein* Tag kann eine Perle sein
Und hundert Jahre – Nichts!

Es ist ein weißes Pergament
Die Zeit und Jeder schreibt
Mit seinem besten Blut darauf
Bis ihn der Strom vertreibt.

An dich, du wunderbare Welt,
Du Schönheit ohne End'!
Schreib' ich 'nen kurzen Liebesbrief
Auf dieses Pergament.

Froh bin ich, daß ich aufgetaucht
In deinem runden Kranz;
Zum Dank trüb' ich die Quelle nicht
Und lobe deinen Glanz!

Immanuel Kant

# *Wahrsagende Geschichte der Menschheit*

Es muß etwas Moralisches im Grundsatze sein, welches die Vernunft als rein, zugleich aber auch wegen des großen und Epoche machenden Einflusses als etwas, das die dazu anerkannte Pflicht der Seele des Menschen vor Augen stellt, und das menschliche Geschlecht im Ganzen seiner Vereinigung (non singulorum, sed universorum) angeht, dessen verhofftem Gelingen und den Versuchen zu demselben es mit so allgemeiner und uneigennütziger Teilnehmung zujauchzt. – Diese Begebenheit ist das Phänomen nicht einer Revolution, sondern (wie es Hr. Erhard ausdrückt) der Evolution einer naturrechtlichen Verfassung, die zwar nur unter wilden Kämpfen noch nicht selbst errungen wird – indem der Krieg von innen und außen alle bisher bestandene statutarische zerstört –, die aber doch dahin führt, zu einer Verfassung hinzustreben, welche nicht kriegssüchtig sein kann, nämlich der republikanischen; die es entweder selbst der Staatsform nach sein mag, oder auch nur nach der Regierungsart, bei der Einheit des Oberhaupts (des Monarchen) den Gesetzen analogisch, die sich ein Volk selbst nach allgemeinen Rechtsprinzipien geben würde, den Staat verwalten zu lassen.

Nun behaupte ich, dem Menschengeschlechte nach den Aspekten und Vorzeichen unserer Tage die Erreichung dieses Zwecks und hiemit zugleich das von da an nicht mehr gänzlich rückgängig werdende Fortschreiten desselben zum Besseren auch ohne Sehergeist vorhersagen zu können. Denn ein solches Phänomen in der Menschengeschichte vergißt sich nicht mehr, weil es eine Anlage und ein Vermögen in der menschlichen Natur zum Besseren aufgedeckt hat, dergleichen kein Politiker aus dem bisherigen Laufe der Dinge herausgeklügelt hätte, und welches allein Natur und Freiheit, nach inneren Rechtsprinzipien im Menschengeschlechte vereinigt, aber, was die Zeit betrifft, nur als unbestimmt und Begebenheit aus Zufall verheißen konnte.

Aber wenn der bei dieser Begebenheit beabsichtigte Zweck auch jetzt nicht erreicht würde, wenn die Revolution oder Reform der Verfassung eines Volks gegen das Ende doch fehlschlüge, oder, nachdem diese einige Zeit gewährt hätte, doch wiederum alles ins vorige Gleis zurückgebracht würde (wie Politiker jetzt wahrsagen), so verliert jene philosophische Vorhersagung doch nichts von ihrer Kraft. –

Denn jene Begebenheit ist zu groß, zu sehr mit dem Interesse der Menschheit verwebt und ihrem Einflusse nach auf die Welt in allen ihren Teilen zu ausgebreitet, als daß sie nicht den Völkern bei irgend einer Veranlassung günstiger Umstände in Erinnerung gebracht und zu Wiederholung neuer Versuche dieser Art erweckt werden sollte; da dann bei einer für das Menschengeschlecht so wichtigen Angelegenheit endlich doch zu irgendeiner Zeit die beabsichtigte Verfassung diejenige Festigkeit erreichen muß, welche die Belehrung durch öftere Erfahrung in den Gemütern aller zu bewirken nicht ermangeln würde.

Es ist also ein nicht bloß gutgemeinter und in praktischer Absicht empfehlungswürdiger, sondern allen Ungläubigen zum Trotz auch für die strengste Theorie haltbarer Satz: daß das menschliche Geschlecht im Fortschreiten zum Besseren immer gewesen sei und so fernerhin fortgehen werde, welches, wenn man nicht bloß auf das sieht, was in irgendeinem Volk geschehen kann, sondern auch auf die Verbreitung über alle Völker der Erde, die nach und nach daran teilnehmen dürften, die Aussicht in eine unabsehliche Zeit eröffnet; wofern nicht etwa auf die erste Epoche einer Naturrevolution, die (nach Camper und Blumenbach) bloß das Tier- und Pflanzenreich, ehe noch

Menschen waren, vergrub, noch eine zweite folgt, welche auch dem Menschengeschlechte eben so mitspielt, um andere Geschöpfe auf diese Bühne treten zu lassen, u. s. w. Denn für die Allgewalt der Natur, oder vielmehr ihrer uns unerreichbaren obersten Ursache ist der Mensch wiederum nur eine Kleinigkeit. Daß ihn aber auch die Herrscher von seiner eigenen Gattung dafür nehmen und als eine solche behandeln, indem sie ihn teils tierisch, als bloßes Werkzeug ihrer Absichten, belasten, teils in ihren Streitigkeiten gegeneinander aufstellen, um sie schlachten zu lassen, – das ist keine Kleinigkeit, sondern Umkehrung des Endzwecks der Schöpfung selbst.

Christian Morgenstern

## *Frage*

Palma Kunkel naht die Frage,
was zum Kriegsproblem sie sage.

Längst im Innersten entschieden
wünscht sie allen Menschen Frieden.

(Zwar zum Unterschied von vielen
freilich nur: mit großen Zielen.)

Doch sie weiß zugleich: auf Erden
sind die Menschen erst im Werden.

Ringsum ungeheure Horden
wollen noch das große Morden,

sind noch ganz durchleidenschaftet,
noch vom *Geist* zu schwach durchkraftet,

müssen erst noch lange reifen,
eh sie Gott und sich begreifen.

Leopold von Ranke

## *»Fortschritt« in der Geschichte*

Wollte man mit manchen Philosophen annehmen, daß die ganze Menschheit sich von einem gegebenen Urzustande zu einem positiven Ziel fortentwickelte, so konnte man sich dieses auf zweierlei Weise vorstellen: entweder, daß ein allgemein leitender Wille die Entwicklung des Menschengeschlechts von einem Punkt nach dem anderen förderte, – oder, daß in der Menschheit gleichsam ein Zug der geistigen Natur liege, welcher die Dinge mit Notwendigkeit nach einem bestimmten Ziele hintreibt. – Ich möchte diese beiden Ansichten weder für philosophisch haltbar, noch für historisch nachweisbar halten. Philosophisch kann man diesen Gesichtspunkt nicht für annehmbar erklären, weil er im ersten Fall die menschliche Freiheit geradezu aufhebt und die Menschen zu willenlosen Werkzeugen stempelt; und weil im andern Fall die Menschen geradezu entweder Gott oder gar nichts sein müßten.

Auch historisch aber sind diese Ansichten nicht nachweisbar; denn fürs erste findet sich der größte Teil der Menschheit noch im Urzustande, im Ausgangspunkte selbst; und dann fragt es sich: was ist Fortschritt? Wo ist der Fortschritt der Menschheit zu bemerken? – Es gibt Elemente der großen historischen Entwicklung, die sich in der römischen und germanischen Nation fixiert haben; hier gibt es allerdings eine von Stufe zu Stufe sich entwickelnde geistige Macht. Ja es ist in der ganzen Geschichte eine gleichsam historische Macht des menschlichen Geistes nicht zu verkennen; das ist eine in der Urzeit gegründete Bewegung, die sich mit einer gewissen Stetigkeit fortsetzt. Allein es gibt in der Menschheit überhaupt doch nur ein System von Bevölkerungen, welche an dieser allgemein historischen Bewegung teilnehmen, dagegen andre, die davon ausgeschlossen sind. Wir können aber im allgemeinen auch die in der historischen Bewegung begriffenen Nationalitäten nicht als im stetigen Fortschritt befindlich ansehen. Wenden wir z. B. unser Augenmerk auf Asien, so sehen wir, daß dort die Kultur entsprungen ist, und daß dieser Weltteil mehrere Kulturepochen gehabt hat. Allein dort ist die Bewegung im ganzen aber eine rückgängige gewesen; denn die älteste Epoche der asiatischen Kultur war die blühendste; die zweite und dritte Epoche, in welcher das griechische und römische Element dominieren, war schon nicht mehr so bedeutend, und mit dem Einbrechen der Barbaren – der Mongolen – fand die Kultur in Asien vollends ein Ende. Man hat sich dieser Tatsache gegenüber mit der Hypothese geographischen Fortschreitens helfen wollen; allein ich muß es von vornherein für eine leere Behauptung erklären, wenn man annimmt, wie z. B. Peter der Große, die Kultur mache die Runde um den Erdball; sie sei von Osten gekommen und kehre dahin wieder zurück.

Fürs zweite ist hiebei ein anderer Irrtum zu vermeiden, nämlich der, als ob die fortschreitende Entwicklung der Jahrhunderte zu gleicher Zeit alle Zweige des menschlichen Wesens und Könnens umfaßte. Die Geschichte zeigt uns, um beispielsweise nur ein Moment hervorzuheben, daß in der neueren Zeit die Kunst im 15. und in der ersten Hälfte des 16. Jahrhunderts am meisten geblüht hat; dagegen ist sie am Ende des 17. und in den ersten drei Vierteilen des 18. Jahrhunderts am meisten heruntergekommen. Geradeso verhält es sich mit der Poesie; auch hier sind es nur Momente, wo diese Kunst wirklich hervortritt; es zeigt sich jedoch nicht, daß sich dieselbe im Laufe der Jahrhunderte zu einer höheren Potenz steigert.

Wenn wir somit ein geographisches Entwicklungsgesetz ausschließen, wenn wir andrerseits annehmen müssen, wie uns die Geschichte lehrt, daß Völker zugrunde gehen können, bei denen die begonnene Entwicklung nicht stetig alles umfaßt, so werden wir besser erkennen, worin die fortdauernde Bewegung der Menschheit wirklich besteht. Sie beruht darauf, daß die großen geistigen Tendenzen, welche die Menschheit beherrschen, sich bald auseinander erheben, bald aneinander reiben. In diesen Tendenzen ist aber immer eine bestimmte partikuläre Richtung, welche vorwiegt und bewirkt, daß die übrigen zurücktreten.

So war z. B. in der zweiten Hälfte des 16. Jahrhunderts das religiöse Element so überwiegend, daß das literarische vor demselben zurücktrat. Im 18. Jahrhundert hingegen gewann das Utilisierungsbestreben (das Bestreben, die wirtschaftlichen und technischen Kräfte eines Landes stärker auszunutzen, die industrielle Erzeugung zu fördern und zu regeln. Der Absolutismus sah hier eine Aufgabe des Staates: Merkantilsystem) ein solches Terrain, daß vor diesem die Kunst und die ihr verwandten Tätigkeiten weichen mußten. In jeder Epoche der Menschheit äußert sich also eine bestimmte große Tendenz, und der Fortschritt beruht darauf, daß eine gewisse Bewegung des menschlichen Geistes in jeder Periode sich darstellt, welche bald die eine, bald die andere Tendenz hervorhebt und in derselben sich eigentümlich manifestiert.

Wollte man aber im Widerspruch mit der hier geäußerten Ansicht annehmen, dieser Fortschritt bestehe darin, daß in jeder Epoche das Leben der Menschheit sich höher potenziert, daß also jede Generation die vorhergehende vollkommen übertreffe, mithin die letzte allemal die bevorzugte, die vorhergehenden aber nur die Träger der nachfolgenden wären, so würde das eine Ungerechtigkeit der Gottheit sein. Eine solche gleichsam mediatisierte (nur als Zwischenstufe geltende) Generation würde an und für sich eine Bedeutung nicht haben; sie würde nur insofern etwas bedeuten, als sie die Stufe der nachfolgenden Generation wäre, und würde nicht in unmittelbarem Bezug zum Göttlichen stehen. Ich aber behaupte: Jede Epoche ist unmittelbar zu Gott, und ihr Wert beruht gar nicht auf dem, was aus ihr hervorgeht, sondern in ihrer Existenz selbst, in ihrem eignen Selbst. Dadurch bekommt die Betrachtung der Historie, und zwar des individuellen Lebens in der Historie, einen ganz eigentümlichen Reiz, indem nun jede Epoche als etwas für sich Gültiges angesehen werden muß und der Betrachtung höchst würdig erscheint.

Der Historiker hat also ein Hauptaugenmerk erstens darauf zu richten, wie die Menschen in einer bestimmten Periode gedacht und gelebt haben; dann findet er, daß abgesehen von gewissen unwandelbaren ewigen Hauptideen, z. B. den moralischen, jede Epoche ihre besondere Tendenz und ihr eigenes Ideal hat. Wenn nun aber auch jede Epoche an und für sich ihre Berechtigung und ihren Wert hat, so darf doch nicht übersehen werden, was aus ihr hervorging. Der Historiker hat also fürs zweite auch den Unterschied zwischen den einzelnen Epochen wahrzunehmen, um die innere Notwendigkeit der Aufeinanderfolge zu betrachten. Ein gewisser Fortschritt ist hierbei nicht zu verkennen; aber ich möchte nicht behaupten, daß sich derselbe in einer geraden Linie bewegt; sondern mehr wie ein Strom, der sich auf seine eigene Weise den Weg bahnt. Die Gottheit – wenn ich diese Bemerkung wagen darf – denke ich mir so, daß sie, da ja keine Zeit vor ihr liegt, die ganze historische Menschheit in ihrer Gesamtheit überschaut und überall gleichwert findet. Die Idee von der Erziehung des Menschengeschlechts hat allerdings etwas Wahres an sich, aber vor Gott erscheinen alle Generationen der Menschheit gleichberechtigt, und so muß auch der Historiker die Sache ansehen.

Ein unbedingter Fortschritt, eine höchst entschiedene Steigerung ist anzunehmen, soweit wir die Geschichte verfolgen können, im Bereiche der materiellen Interessen, in welchen auch ohne eine ganz ungeheure Umwälzung ein Rückschritt kaum wird stattfinden können; in moralischer Hinsicht aber läßt sich der Fortschritt nicht verfolgen. Die moralischen Ideen können freilich extensio fortschreiten; und so kann man auch in geistiger Hinsicht behaupten, daß z. B. die großen Werke, welche die Kunst und Literatur hervorgebracht, heutzutage von einer größeren Menge genossen werden als früher; aber es wäre lächerlich, ein größerer Epiker sein zu wollen als Homer, oder ein größerer Tragiker als Sophokles.

Die Philosophen, namentlich aber die hegelsche Schule hat [...] gewisse Ideen aufgestellt, wonach die Geschichte der Menschheit wie ein logischer Prozeß in Satz, Gegensatz, Vermittlung, in Positivem und Negativem sich abspinne. In der Scholastik aber geht das Leben unter, und so würde auch diese Anschauung von der Geschichte, dieser Prozeß des sich selbst nach verschiedenen logischen Kategorien entwickelnden Geistes auf das zurückführen, was wir oben bereits verwarfen. Nach dieser Ansicht würde bloß die Idee ein selbständiges Leben haben; alle Menschen aber wären bloße Schatten oder Schemen, welche sich mit der Idee erfüllten. Der Lehre, wonach der Weltgeist die Dinge gleichsam durch Betrug hervorbringt und sich der menschlichen Leidenschaften bedient, um seine Zwecke zu erreichen, liegt eine höchst unwürdige Vorstellung von Gott und der Menschheit zugrunde; sie kann auch konsequent nur zum Pantheismus führen; die Menschheit ist dann der werdende Gott, der sich durch einen geistigen Prozeß, der in seiner Natur liegt, selbst gebiert.

Ich kann also unter leitenden Ideen nichts anderes verstehen, als daß sie die herrschenden Tendenzen in jedem Jahrhundert sind. Diese Tendenzen können indessen nur beschrieben, nicht aber in letzter Instanz in einem Begriff summiert werden; sonst würden wir auf das oben Verworfene neuerdings zurückkommen.

Der Historiker hat nun die großen Tendenzen der Jahrhunderte auseinanderzunehmen und die große Geschichte der Menschheit aufzurollen, welche eben der Komplex dieser verschiedenen Tendenzen ist. Vom Standpunkt der göttlichen Idee kann ich mir die Sache nicht anders denken, als daß die Menschheit eine unendliche Mannigfaltigkeit von Entwicklungen in sich birgt, welche nach und nach zum Vorschein kommen, und zwar nach Gesetzen, die uns unbekannt sind, geheimnisvoller und größer, als man denkt.

Thomas Paine

## *Über die alten und neuen Regierungssysteme*

Nichts kann widersprechender erscheinen als die Prinzipien, nach denen die alten Regierungen begannen, und die Lage, in die Gesellschaft, Zivilisation und Handel die Menschen zu bringen imstande sind. Die Regierung nach dem alten System ist eine Anmaßung von Macht um ihrer eigenen Vergrößerung willen; nach dem neuen eine Übertragung der Macht zum allgemeinen Wohl der Gesellschaft. Die erste erhält sich durch ein System des Krieges, die letzte fördert ein System des Friedens als das wahre Mittel, eine Nation reicher zu machen. Die eine begünstigt nationale Vorurteile, die andere fördert eine allumfassende Gesellschaft als das Mittel zu einem allgemeinen Handel. Die eine mißt ihren Wohlstand an der Menge der Einkünfte, die sie erpreßt, die andere beweist ihre Vortrefflichkeit durch den geringen Umfang an Steuern, die sie erfordert.

Herr Burke hat von alten und neuen Whigs gesprochen. Wenn er sich an kindischen Namen und Titeln ergötzen kann, will ich sein Vergnügen nicht stören. Nicht an ihn, sondern an den Abbé Sieyès richte ich dieses Kapitel. Diesem letzten Herrn habe ich bereits eine Untersuchung über das Thema der monarchischen Regierung zugesagt, und da dieses natürlicherweise zu einem Vergleich der alten und neuen Systeme gehört, ergreife ich die Gelegenheit, ihm meine Beobachtungen darzulegen. Gelegentlich werde ich auf Herrn Burke zurückkommen.

Obwohl sich beweisen ließe, daß das Regierungssystem, das jetzt *das neue* genannt wird, im Grunde das älteste von allen ist, die existiert haben, weil es sich auf die ursprünglichen, dem Menschen inhärenten Rechte gründet, so haben doch Tyrannei und Schwert die Ausübung dieser Rechte seit so vielen Jahrhunderten aufgehoben, daß es zum Zwecke der Unterscheidung besser ist, es *das neue* zu nennen, als den Anspruch geltend zu machen, es das alte zu heißen.

Der erste allgemeine Unterschied zwischen diesen beiden Systemen besteht darin, daß das eine, jetzt das alte genannt, entweder ganz oder teilweise *erblich,* das neue dagegen gänzlich *repräsentativ* ist. Es verwirft jede erbliche Regierung:

Erstens, als einen Betrug des Menschengeschlechts.

Zweitens, als den Zwecken unangemessen, zu denen die Regierung notwendig ist.

Was den ersten dieser Punkte betrifft, so kann nicht bewiesen werden, vermöge welchen Rechts die erbliche Regierung anheben konnte, noch gibt es im Bereiche sterblicher Macht ein Recht, sie einzusetzen. Der Mensch hat in Sachen des persönlichen Rechts keine Gewalt über seine Nachkommen, und darum konnte oder kann kein Mensch oder keine Gesellschaft von Menschen ein Recht haben, eine erbliche Regierung einzusetzen. Sogar wenn wir selbst wieder ins Dasein treten sollten, statt von Nachkommen gefolgt zu werden, hätten wir jetzt nicht das Recht, uns selbst die Rechte zu nehmen, die uns dann gehören würden. Welchen Grund also schützen wir vor, wenn wir sie anderen nehmen?

Jede erbliche Regierung ist ihrer Natur nach Tyrannei. Eine erbliche Krone oder ein erblicher Thron, oder mit welchen anderen phantastischen Namen diese Dinge benannt sein mögen, bedeuten nichts anderes, als daß das Menschengeschlecht erbliches Eigentum ist. Eine Regierung erben heißt das Volk erben, als handelte es sich um Vieh oder Herden.

Was den zweiten Punkt betrifft, ihre Unangemessenheit gegenüber den Zwecken, zu denen eine Regierung notwendig ist, so haben wir nur zu erwägen, was die Regierung eigentlich ist, und sie dann mit den Umständen zu vergleichen, denen die Erbfolge unterworfen ist.

Die Regierung sollte etwas sein, das stets auf der Höhe ihrer Kraft steht. Sie sollte so aufgebaut sein, daß sie allen Zufällen überlegen wäre, denen der einzelne Mensch unterworfen ist, und daher ist die Erbfolge, die *ihnen allen unterworfen* ist, das regelloseste und unvollkommenste aller Regierungssysteme.

Wir haben die *Rechte des Menschen* ein *gleichmachendes* System nennen hören; aber das einzige System, auf das das Wort *gleichmachend* in Wahrheit anwendbar ist, ist das erbliche, monarchistische System. Es ist ein System *geistigen Gleichmachens.* Unterschiedslos räumt es jedem Charakter dasselbe Ansehen ein. Laster und Tugend, Unwissenheit und Weisheit, kurz, jede Eigenschaft, ob gut oder schlecht, wird auf die gleiche

Ebene gestellt. Könige folgen einander nicht als vernünftige Wesen, sondern als Tiere. Ihre geistige oder moralische Eigenart kommt nicht in Betracht. Kann uns dann der verworfene Zustand des menschlichen Geistes in monarchischen Ländern überraschen, wenn die Regierung selbst auf ein so verworfenes und gleichmachendes System begründet ist? – Sie hat keinen festen Charakter. Heute ist sie dies, morgen jenes. Sie verändert sich mit der Laune jedes neuen Thronfolgers und ist der Verschiedenartigkeit eines jeden unterworfen. Sie ist eine Regierung der Leidenschaften und Zufälle. Sie erscheint unter all den verschiedenen Gestalten der Kindheit, des gebrechlichen Alters, des Schwachsinns, ist bald Säugling, bald am Gängelbande, bald auf Krücken. Sie verdreht die gesunde Ordnung der Natur. Sie setzt gelegentlich Kinder über Männer, den Eigendünkel Minderjähriger über Weisheit und Erfahrung. Kurz, wir können uns keine lächerlichere Gestalt von Regierung denken, als in allen Fällen die Erbfolge darstellt.

Könnte in der Natur das Dekret abgefaßt oder im Himmel das Edikt eingeschrieben und dem Menschen bekanntgemacht werden, daß die Erbfolge unabänderlich von Tugend und Weisheit begleitet sein sollte, so wären alle Einwände gegen sie beseitigt. Wenn wir aber sehen, daß die Natur verfährt, als verleugnete sie das Erbsystem und machte sich über es lustig, daß in allen Ländern die Geisteskräfte der Erbfolger unter dem Durchschnitt des menschlichen Verstandes liegen, daß der eine ein Tyrann, der andere ein Idiot, der dritte wahnsinnig und manche alles zusammen sind, dann ist es, wenn die Vernunft im Menschen noch Kraft zu wirken hat, unmöglich, Vertrauen darauf zu setzen.

Nicht an den Abbé Sieyès brauche ich mich mit diesen Gründen zu wenden; er hat mir Mühe erspart, indem er seine eigene Meinung über die Sache äußerte. »Wenn man mich fragte«, sagt er, »welches meine Meinung über erbliches Recht sei, würde ich ohne Zögern antworten, daß nach guten Gründen [good theory] die erbliche Übertragung einer Macht oder eines Amtes niemals mit den Gesetzen einer wahren Repräsentation übereinstimmen kann. Erblichkeit in diesem Sinne ist ebensosehr eine Verletzung der Prinzipien als eine Beleidigung der Gesellschaft. Aber laßt uns«, fährt er fort, »auf die Geschichte aller Wahlmonarchien und Fürstentümer hinweisen: Gibt es einen Fall, wo die Wahlmethode nicht schlimmer ist als die Erbfolge?«

Zu streiten, welches das schlimmste von beiden, heißt zugeben, daß beides schlecht ist, und hierin stimmen wir überein. Die Bevorzugung, die der Abbé ausspricht, ist eine Verurteilung dessen, was er vorzieht. Derart über diese Dinge zu reden ist unzulässig, weil dies schließlich auf eine Anklage gegen die Vorsehung hinausläuft, als habe sie dem Menschen im Hinblick auf die Regierung nur die Wahl zwischen zwei Übeln gelassen, von denen das beste, wie er zugibt, *»eine Verletzung der Prinzipien und eine Beleidigung der Gesellschaft«* ist. [...]

Nachdem wir auf diese Weise einige wenige Fehler der alten oder erblichen Regierungssysteme flüchtig betrachtet haben, wollen wir diese mit dem neuen oder dem Repräsentativsystem vergleichen.

Das Repräsentativsystem nimmt Gesellschaft und Zivilisation zu seiner Grundlage; Natur, Vernunft und Erfahrung zu seinen Führern.

Die Erfahrung hat zu allen Zeiten und in allen Ländern erwiesen, daß es unmöglich ist, die Natur bei der Austeilung der Geisteskräfte zu beherrschen. Sie gibt sie, wie es ihr gefällt. Was immer die Regel sein mag, nach der sie scheinbar dieselben unter die Menschen verstreut, diese Regel bleibt dem Menschen ein Geheimnis. Es würde ebenso lächerlich sein, die Erblichkeit menschlicher Schönheit wie die der Weisheit festsetzen zu wollen. Worin Weisheit immer bestehen mag, sie gleicht einer samenlosen Pflanze; sie kann gezogen werden, wenn sie erscheint, aber sie kann nicht willkürlich hervorgebracht werden. Sie ist für alle Zwecke immer hinreichend in der allgemeinen Masse der Gesellschaft vorhanden; was aber die Teile der Gesellschaft betrifft, so wechselt sie beständig ihren Ort. Sie steigt heute in dem einen, morgen in dem anderen empor und hat wahrscheinlich reihum jede Familie der Erde besucht und wieder verlassen.

Da dies die Ordnung der Natur, muß die Ordnung der Regierung ihr notwendig folgen, oder die Regierung wird, wie wir sehen, in Unwissenheit entarten. Das erbliche System ist daher mit menschlicher Weisheit ebenso unvereinbar wie mit menschlichen Rechten, es ist ebenso ungereimt wie ungerecht. [...]

Die einzigen Formen der Regierung sind: die demokratische, die aristokratische, die monarchische und die jetzt repräsentativ genannte.

Was *Republik* genannt wird, ist keine *besondere Form* der Regierung. Sie ist gänzlich auf den Sinn, die Sache oder den Zweck abgestellt, derentwegen eine Regierung eingesetzt werden sollte und mit denen diese sich zu beschäftigen hat: RES PUBLICA, die öffentlichen Angelegenheiten oder das öffentliche Wohl oder, wörtlich übersetzt, die öffentliche Sache. Es ist ein Wort von gutem Ursprung; es bezieht sich auf das, was der Charakter und das Geschäft einer Regierung sein sollten, und in diesem Sinne steht es notwendig im Gegensatz zu dem Wort *Monarchie,* das eine niedrige ursprüngliche Bedeutung hat. Es bedeutet die Willkürherrschaft einer einzelnen Person, bei deren Ausübung *sie selbst* und nicht die *res publica* der Zweck ist.

Jede Regierung, die nicht nach dem Prinzip einer *Republik* verfährt, oder in anderen Worten, die nicht die *res publica* zu ihrem vollen und einzigen Zweck macht, ist keine gute Regierung. Republikanische Regierung ist nichts anderes als eine Regierung, die zum Nutzen der Öffentlichkeit, sowohl für den einzelnen wie für die Gesamtheit, errichtet und geleitet wird. Sie ist nicht notwendig an eine besondere Form gebunden, doch verbindet sie sich am natürlichsten mit der repräsentativen Form, da diese am besten geeignet ist, den Zweck zu sichern, zu dem eine Nation sich die Kosten ihres Unterhalts auferlegt. [...]

Jene, die sagten, eine Republik sei keine für Länder mit großer Ausdehnung passende Regierungs*form*, verwechselten erstens das *Geschäft* einer Regierung mit der Form einer Regierung, denn die *res publica* gilt gleichermaßen bei jeder Ausdehnung des Gebiets und der Bevölkerung. Und zweitens, wenn sie wirklich die *Form* meinten, so handelte es sich dabei um die einfache demokratische Form, wie die Regierungsart der alten Demokratien sie aufwies, in denen es keine Repräsentation gab. Es geht daher nicht darum, daß eine Republik nicht ausgedehnt sein könnte, sondern daß sie es unter der einfachen demokratischen Form nicht sein kann, und es erhebt sich natürlicherweise die Frage: *Welches ist die beste Regierungsform, um die RES PUBLICA oder die ÖFFENTLICHEN GESCHÄFTE einer Nation zu leiten, wenn diese für die einfache demokratische Form zu ausgedehnt und bevölkert geworden ist?*

Monarchie kann es nicht sein, weil sie dem gleichen Einwand unterliegt wie die einfache demokratische Form.

Es ist möglich, daß ein einzelner ein System von Prinzipien aufstellt, demzufolge eine für jede Landesgröße geeignete Regierung verfassungsgemäß einzurichten wäre. Dies ist nichts weiter als eine Tätigkeit des Geistes, der sich seiner eigenen Kräfte bedient. Aber die solchen Prinzipien folgende Praxis im Hinblick auf die verschiedenen und zahlreichen Angelegenheiten einer Nation, Ackerbau, Manufakturen, Gewerbe, Handel usw. usw., verlangt eine andere Art von Kenntnis, die nur aus den verschiedenen Teilen der Gesellschaft selbst kommen kann. Es ist eine Ansammlung praktischen Wissens, die ein einzelner nicht besitzen kann. Die monarchische Form ist daher wegen der Unzulänglichkeit der Kenntnisse in der Praxis ebenso beschränkt, wie es die demokratische Form wegen der Bevölkerungszunahme war. Die eine artet durch Ausdehnung in Verwirrung aus, die andere in Unwissenheit und Unvermögen, wovon alle großen Monarchien Zeugnis ablegen. Die monarchische Form konnte daher kein Ersatz für die demokratische sein, weil sie gleiche Unbequemlichkeiten hat. [...]

Die aristokratische Form hat dieselben Laster und Gebrechen wie die monarchische, nur daß hier durch die größere Anzahl die Fähigkeiten bessere Möglichkeiten haben; aber dennoch gibt es keine Sicherheit für den rechten Gebrauch und die rechte Anwendung dieser Fähigkeiten.

Berufen wir uns auf die ursprüngliche einfache Demokratie, erhalten wir die wahren Angaben, nach denen eine Regierung in großem Maßstab errichtet werden kann. Jene verträgt keine Ausdehnung, nicht wegen ihres Prinzips, sondern wegen der Unbequemlichkeit ihrer Form, während Monarchie und Aristokratie wegen ihrer Unfähigkeit Ausdehnung nicht zulassen. Wenn wir also die Demokratie als Grundlage beibehalten und die verderbten Systeme der Monarchie und der Aristokratie verwerfen, so bietet sich das repräsentative System von selbst dar; es hilft sogleich den Mängeln der einfachen Demokratie bezüglich der Form und der Unfähigkeit der anderen beiden bezüglich des Wissens ab.

Die einfache Demokratie war die Gesellschaft, die sich ohne Hilfe sekundärer Mittel selbst regierte. Wenn wir die Repräsentation auf die Demokratie verpflanzen, kommen wir auf ein Regierungssystem, das imstande ist, all die verschiedenen Interessen und jede Ausdehnung von Territorium und Bevölkerung zu umfassen und zu verbinden. [...]

Was Regierung genannt wird, oder vielmehr, was wir darunter verstehen sollten, ist nichts weiter als ein gemeinsamer Mittelpunkt, in dem alle Teile der Gesellschaft sich vereinigen. Dies kann durch kein anderes Mittel erreicht werden als durch das den verschiedenen Interessen des Gemeinwesens so förderliche Repräsentativsystem. Es konzentriert die zum Besten der Teile und des Ganzen notwendige Kenntnis. Es bringt die Regierung in einen Zustand beständiger Reife. Es ist, wie schon bemerkt wurde, nie jung, nie alt. Es ist weder der Unreife noch dem Altersschwachsinn unterworfen. Es liegt niemals in der Wiege, noch geht es auf Krücken. Es läßt keine Trennung von Wissen und Macht zu und ist, was die Regierung immer sein sollte, über alle Zufälligkeiten im Leben des einzelnen Menschen und folglich über das, was Monarchie genannt wird, erhaben.

Eine Nation ist kein Körper, dessen Gestalt durch den menschlichen Körper repräsentiert werden muß, sondern sie gleicht einem von einem Kreis umschlossenen Körper, der einen gemeinsamen Mittelpunkt hat, in dem alle Radien zusammentreffen; und dieser Mittelpunkt wird von der Repräsentation gebildet. Die Repräsentation mit dem verbinden zu wollen, was Monarchie heißt, wäre exzentrische Regierung. Die Repräsentation ist selbst die bevollmächtigte Monarchie einer Nation und kann sich nicht selbst dadurch herabsetzen, daß sie hierin mit einer anderen teilt.

[...]

Unter dem Repräsentativsystem muß der Grund von allem öffentlich dargelegt werden. Jedermann ist Teilhaber an der Regierung und betrachtet es als einen notwendigen Teil seines Geschäfts, sie zu verstehen. Sie betrifft seine Interessen, weil sie sein Eigentum betrifft. Er prüft die Kosten und vergleicht sie mit den Vorteilen. Und vor allem nimmt er nicht die sklavische Gewohnheit an, denen zu folgen, die unter anderen Regierungsformen *Führer* genannt werden.

Nur wenn der Verstand des Menschen geblendet und ihm weisgemacht wird, die Regierung sei ein wunderbares, geheimnisvolles Ding, können maßlose Einkünfte erzielt werden. Die Monarchie ist wohl darauf angelegt, dieses Ziel zu erreichen: Sie ist die Papisterei der Regierung, etwas, das aufrechterhalten wird, um den Unwissenden zu amüsieren und ihn zu Abgaben zu bewegen.

Die Regierung eines freien Landes besteht, genaugesagt, nicht in den Personen, sondern in den Gesetzen. Diese zu erlassen erfordert keine großen Ausgaben; und wenn sie gehandhabt werden, so ist die gesamte bürgerliche Regierung getätigt, alles übrige ist Erfindung der Höfe.

## Georg Christoph Lichtenberg
## *Freiheit und Gleichheit*

In keiner Streitigkeit, deren ich mich erinnere, sind je, glaube ich, die Begriffe so verstellt worden, als in der gegenwärtigen über Freiheit und Gleichheit. Seht, ruft die eine Partei, hin nach Paris, da seht ihr die Früchtchen der Gleichheit! Und es ist betrüblich, zu sehen, daß sogar berühmte Schriftsteller in diesen Ton mit einstimmen. Ebenso könnte ich rufen: Ihr, die ihr ein so großes Glück im Umgange mit dem andern Geschlecht und in der Liebe findet, seht dort die Hospitäler der Nasenlosen! Oder ihr, die ihr von dem Labsal sprecht, das euch beim Genuß der Freundschaft der Wein gewährt, seht dort die Trunkenbolde in den Klauen der Schwindsucht im Kreise verhungernder Kinder langsam dahinsterben! Ihr Toren, möchte ich sagen, so lernt uns doch verstehen! O ich glaube auch, ihr versteht uns nur, allzu wohl, ihr deraisonniert nur deswegen so, weil ihr fürchtet, die Welt möchte uns verstehen. Die Gleichheit, die wir verlangen, ist der erträglichste Grad von Ungleichheit. So vielerlei Arten von Gleichheit es gibt, worunter es fürchterliche gibt, eben so gibt es verschiedene Grade der Ungleichheit, und darunter welche, die ebenso fürchterlich sind. Von beiden Seiten ist Verderben. Ich bin daher überzeugt, daß die Vernünftigen beider Parteien nicht so weit voneinander liegen, als man glaubt; und daß die Gleichheit der einen Partei und die Ungleichheit der andern wohl gar am Ende dieselbigen Dinge mit verschiedenen Namen sein könnten. Allein was hilft da alles Philosophieren? Dieses Mittel muß erkämpft werden, und wird die Übermacht von einer Partei zu groß, zumal wenn der Mutwille der andern unbändig war, so kann es auch sehr viel schlimmer werden. Es ist aber nur zu befürchten, daß jene mittlere Gleichheit oder Ungleichheit (wie man will) von beiden Parteien gleich stark verabscheut wird. Sie muß also wohl mit Gewalt eingeführt werden; und da ist es denn dem Einführenden nicht zu verdenken, wenn er sich einen etwas starken Ausschlag gibt. Hierin liegt überhaupt ein allgemeiner Grund von der Seltenheit guter *Mittelzustände.*

Platon

## *Eros ist Liebe zum Schönen und Guten*

Und dich will ich nun dir selbst überlassen. Dagegen wende ich mich den Ausführungen einer Mantineerin zu, Diotima, die, wie in diesen, so in vielen anderen Dingen weise war und den Athenern einst aus Anlaß eines Opfers vor Ausbruch der Pest einen zehnjährigen Aufschub der Krankheit bewirkte und die auch mich in Sachen der Liebe belehrte – ihre Ausführungen also will ich nunmehr allein, ohne Zuziehung eines anderen, so gut es mir eben gelingen mag, euch wiederzugeben versuchen auf Grund dessen, worüber ich mich mit Agathon verständigt habe. Es gilt also, mein Agathon, wozu du selbst den Weg gewiesen, zuerst das Wesen des Eros und seine Eigenart darzulegen, sodann die Wirkungen, die von ihm ausgehen. Es scheint mir nun, wir machen uns die Sache am leichtesten, wenn ich dem Verhörsverfahren folge, welches die Freundin mit mir seinerzeit einschlug. Ich nahm nämlich in der Unterhaltung mit ihr ziemlich denselben Standpunkt ein wie Agathon jetzt eben mir gegenüber, indem ich behauptete, Eros sei ein großer Gott und gehöre zu den Schönen; sie widerlegte mich denn mit denselben Gründen wie ich ihn: er sei weder schön nach meiner Ansicht noch gut. Ich erwiderte: Wie, Diotima? Also häßlich wäre Eros und schlecht?

Sie entgegnete: Lästere nicht! Oder glaubst du, was nicht schön ist, das sei notwendig häßlich?

Unbedingt.

Auch, was nicht weise, das sei unwissend? Oder merkst du nicht, daß es zwischen Weisheit und Unwissenheit noch ein Mittleres gibt?

Und was wäre das?

Die richtige Meinung, die es auch ohne Bewußtsein der Gründe gibt, erwiderte sie. Sie, diese richtige Meinung, ist weder ein Wissen – denn wie könnte etwas ein Wissen sein, von dem man sich nicht Rechenschaft geben kann – noch Unwissenheit –, denn wie könnte etwas Unwissenheit sein, das mit der Wahrheit zusammenstimmt? Es ist also die richtige Meinung ein Mittleres zwischen Einsicht und Unwissenheit.

Das hat seine Richtigkeit, erwiderte ich.

Bilde dir also nicht ein, du könntest durch ein Gewaltverfahren erzwingen, daß, was nicht schön ist, darum auch schon häßlich sei, und was nicht gut ist, darum auch schon schlecht sei. So halte es denn auch mit dem Eros, von dem du selbst zugibst, daß er nicht gut sei und nicht schön: sei überzeugt, daß er trotzdem nicht häßlich und schlecht sein muß, sondern ein Mittleres zwischen beiden.

Und doch, erwiderte ich, sind alle darüber einverstanden, daß er ein großer Gott sei.

Meinst du, entgegnete sie, mit dem »alle« die Unwissenden oder auch die Einsichtigen?

Alle ohne Ausnahme.

Da brach sie in Lachen aus und sagte: Wie wäre es möglich, Sokrates, daß er als großer Gott anerkannt werde von seiten derer, die ihn nicht einmal als Gott gelten lassen?

Und wer wären die? fragte ich.

Einer du, lautete die Antwort, und eine ich.

Wie kommst du, versetzte ich, zu dieser Meinung?

Sehr einfach, erwiderte sie. Sage mir nur, hältst du nicht alle Götter für glückselig und schön? Oder hast du den Mut zu leugnen, daß einer der Götter schön und glückselig sei?

Beileibe nicht, erwiderte ich.

Glückselig aber nennst du doch die, die im Besitze des Guten und Schönen sind?

Allerdings.

Vom Eros aber hast du doch eingeräumt, daß er aus Mangel am Guten und Schönen nach ebendiesem strebt, dessen er bedürftig ist.

Ja, das habe ich zugegeben.

Wer nicht teilhat am Schönen und Guten, wie könnte denn der ein Gott sein?

Nimmermehr, wie es scheint.

Siehst du nun, erwiderte sie, auch du hältst den Eros nicht für einen Gott.

Was wäre denn also der Eros? fuhr ich fort. Etwa ein Sterblicher?

Bewahre.

Aber was denn?

Wie schon vorher gesagt, ein Mittleres zwischen Sterblichem und Unsterblichem.

Was also, Diotima?

Ein großer Dämon, lieber Sokrates. Denn alles Dämonische ist ein Mittleres zwischen Gott und Mensch.

Mit welcher Wirkungskraft begabt? fragte ich.

Wirkend als Dolmetsch und Bote von den Menschen bei den Göttern und von den Göttern bei den Menschen: von diesen übermittelt er die Gebete und Opfer, von jenen Befehle und Vergeltungen der Opfer; zwischen beiden ist er das den Zusammenhang wahrende Verbindungsglied, so daß das All ein festgefügtes Ganzes ist. Durch diese Dämonenkraft wird auch die gesamte Wahrsagekunst [Mantik] in Gang erhalten wie auch die Kunst der Priester, derer sowohl, die es mit Opfern und Weihungen zu tun haben, wie derer, die sich auf Besprechungen, Wahrsagung aller Art und Zauberkünste verstehen. Gott gesellt sich nicht unmittelbar zu den Menschen, vielmehr vollzieht sich aller Verkehr und alle Zwiesprache der Götter mit den Menschen durch Vermittelung dieses Dämonentums, sei es im Wachen oder im Schlaf. Und wer mit diesen Dingen genau Bescheid weiß, der ist ein dämonischer Mann, der aber auf irgendwelchem anderen Gebiet genau Bescheid weiß in Kunst oder Handwerk, ein Banause. Solcher Dämonen gibt es viele und von mancherlei Art, einer von ihnen ist auch der Eros.

Von welchem Vater stammt er und von welcher Mutter? fragte ich.

Das, erwiderte sie, erfordert eine längere Darlegung. Gleichwohl sollst du es hören. Als Aphrodite zur Welt kam, hielten die Götter einen Schmaus und mit den anderen auch Poros (Erwerb, Reichtum), der Sohn der Metis (Klugheit). Nach beendigter Mahlzeit kam Penia, eine Gabe zu erbitten – denn es ging hoch her – und weilte an der Tür. Poros nun, berauscht vom Nektar (denn Wein gab es noch nicht), begab sich in den Garten des Zeus und schlief schwer benebelt ein. Penia aber, getrieben durch ihre Dürftigkeit, sann darauf, sich listigerweise zu einem Kinde von Poros zu verhelfen, legte sich zu ihm und empfing den Eros. So ist es denn gekommen, daß der Eros auch der Aphrodite Begleiter und Diener wurde, erzeugt am Tage ihrer Geburt, und zugleich von Natur ein Liebhaber des Schönen, da ja auch Aphrodite eine Schönheit ist. Als Sohn des Poros und der Penia ist ihm folgendes Los gefallen: erstens ist er immer arm, und weit gefehlt, daß er zart und schön wäre, wie die meisten wähnen, ist er vielmehr rauh und struppig, barfuß und obdachlos, zum Lager hat er nie etwas anderes als die bloße Erde ohne Decke, an den Türen und auf der Straße sucht er seine Ruhestätte unter freiem Himmel, die Natur der Mutter teilend, stets der Dürftigkeit gesellt. Vom Vater her ist er der listige Späher nach dem Schönen und Guten, tapfer, waghalsig und unermüdlich, ein gewaltiger Jäger, unerschöpflich im Ersinnen von Anschlägen, dabei beseelt von lebhaftestem Streben nach Erkenntnis der Wahrheit und nie verlegen um Auskunft, der Weisheit Freund [Philosoph] sein Leben lang, ein gewaltiger Zauberer, Giftmischer und Sophist; und weder wie ein Unsterblicher ist er geartet noch wie ein Sterblicher, sondern an demselben Tage ist er bald obenauf, solange ihm die Mittel zufließen, bald sinkt er wie tot dahin, lebt aber immer wieder auf vermöge der Natur seines Vaters, doch, was er gewonnen, zerrinnt immer wieder; niemals also ist er der Mittel völlig ledig, niemals aber auch wirklich reich. Zwischen Weisheit und Unwissenheit hält er die Mitte. Damit nämlich verhält es sich folgendermaßen. Keiner der Götter ist Wahrheitsforscher oder strebt, weise zu werden; denn er ist es schon, wie denn überhaupt, wer weise ist, nicht philosophiert [nach Weisheit sucht]. Ebensowenig philosophieren anderseits die aller Einsicht Baren, noch begehren sie, weise zu werden. Denn eben darin liegt ja das Bedenkliche des Unverstandes, daß man, ohne schön, gut und verständig zu sein, sich gleichwohl einbildet, man sei allen Anforderungen gewachsen. Wer nun nicht glaubt, bedürftig zu sein, der trägt auch kein Verlangen nach dem, dessen er nicht zu bedürfen glaubt.

Wer sind denn also, Diotima, die Philosophierenden, wenn es weder die Weisen noch die Toren sind?

Das ist doch nunmehr schon jedem Kinde klar, versetzte sie, daß die zwischen beiden in der Mitte Stehenden es sind, zu denen auch Eros gehört: denn was wäre schöner als die Weisheit? Eros aber ist Liebe zu allem Schönen, folglich ist Eros notwendig ein Philosoph; als Philosoph aber steht er in der Mitte zwischen einem Weisen und einem Toren. Auch dies hat seinen Grund in seiner Geburt; stammt er ja doch von einem weisen und bemittelten Vater ab und von einer Mutter, die weder weise noch bemittelt ist. So steht es, mein lieber Sokrates, mit dem Wesen dieses Dämons. Daß du dir aber unter Eros etwas ganz anderes dachtest, das nimmt mich durchaus nicht wunder. Du meintest, wie ich aus deinen Worten entnehmen zu können glaube, das Geliebte sei Eros, wie das Liebende. Deswegen glaub' ich, schien dir Eros so über alles schön. Ist doch das Geliebte das wahrhaft Schöne, Zarte, Vollendete, Preisenswerte; das Liebende dagegen nimmt sich ganz anders aus, nämlich so, wie ich es schilderte.

Darauf ich: Gut denn, Freundin, denn du hast recht. Welchen Nutzen bringt nun Eros, so beschaffen, den Menschen?

Das soll, versetzte sie, mein Sokrates, nunmehr an die Reihe kommen als Gegenstand, über den ich versuchen werde, dich zu belehren. Mit der Wesensart und der Herkunft des Eros hat es also diese Bewandtnis: auf das Schöne ist er gerichtet, wie du sagst. Wenn aber jemand uns fragte: in welcher Beziehung ist denn der Eros auf das Schöne gerichtet, Sokrates und Diotima?

Doch, um es noch deutlicher auszudrücken: wer das Schöne liebt, worum ist es ihm bei dieser Liebe zu tun?

Darauf ich: Darum, daß es ihm zuteil werde.

Diese Erwiderung, sagte sie, bedarf einer weiteren Frage, nämlich: welcher Vorteil erwächst denn dem davon, dem das Schöne zuteil wird?

Auf diese Frage, erklärte ich, habe ich keine Antwort zur Hand.

So nimm denn an, mein Sokrates, es werde durch einen Tausch an die Stelle des Schönen das Gute gesetzt und es hieße nun: der Liebende liebt das Gute, und die Frage lautete demgemäß. Was liebt er also, Sokrates?

Daß es ihm zuteil werde, erwiderte ich.

Und was für einen Vorteil hat der davon, dem das Gute zuteil wird?

Darauf habe ich die Antwort leichter zur Hand, erklärte ich, nämlich: glücklich wird er sein.

Denn durch den Besitz des Guten, fuhr sie fort, sind die Glücklichen glücklich, und es bedarf nun nicht mehr der weiteren Frage: worauf zielt denn das Verlangen dessen, der glücklich zu sein wünscht, hin?, sondern damit scheint die Antwort ihren Abschluß gefunden zu haben.

Du hast recht, erwiderte ich.

Dies Verlangen aber und diese Liebe, hältst du sie für eine durchgehende Seelenstimmung aller Menschen und glaubst du, daß alle Menschen sich immer im Besitz des Guten sehen wollen, oder wie denkst du darüber?

Ebenso, versetzte ich: Diesen Wunsch teilen alle.

Darauf sie: Wenn alle von dem gleichen Liebesverlangen erfüllt sind und es immer sind, dann müßten wir doch auch vor allem sagen, daß sie lieben; tatsächlich aber sagen wir nur von bestimmten Personen, daß sie lieben, von anderen dagegen nicht.

Ich selber muß mich darüber wundern, erwiderte ich.

Laß das gut sein, entgegnete sie, wundere dich nicht. Wir sondern nämlich aus dem Begriffsbereich der Liebe nur eine bestimmte Art ab, geben ihr den Namen des Ganzen und nennen sie demnach Liebe, für die andern verwenden wir andere Namen.

Wie zum Beispiel? fragte ich.

Folgendermaßen:

Du weißt doch, daß der Begriff des Schaffens ein vielumfassender ist; denn gelangt irgend etwas aus dem Nichtsein zum Sein, so handelt es sich immer um eine Ursache, und darin liegt eben das Schaffen beschlossen; es sind also auch die Werktätigkeiten im Dienste sämtlicher Künste Schaffenstätigkeiten und die damit beschäftigten Meister sämtlich schaffende Geister.

Allerdings.

Indes gleichwohl werden, wie du weißt, sie nicht Dichter genannt, sondern erhalten andere Namen, und aus dem gesamten Schaffensgebiet wird ein abgesonderter Teil, nämlich der auf das Musische und Metrische bezügliche, mit dem Namen des Ganzen benannt, denn das allein nennt man Dichtkunst sowie die, die sich auf diesem Teilgebiete der Schaffenskunst betätigen, Dichter.

Du hast recht, sagte ich.

So also steht es auch mit der Liebe. Im allgemeinen ist jedes Verlangen nach dem Guten und der Glückseligkeit für einen jeden auch Liebe, und sie, die Liebe, beschränkt sich also nicht auf die größte und verfängliche Liebe. Allein für die, die sich vielfach auf andere Weise ihr zuwenden, sei es geleitet durch Geldgier oder durch ihren Eifer für Leibesübungen oder für Philosophie, ist weder das Wort »lieben« noch »Liebhaber« üblich, wogegen für diejenigen, die sich *einer* bestimmten Art zuwenden und ihr mit vollem Eifer huldigen, die Ausdrücke für das Ganze gebräuchlich sind, Liebe, lieben und Liebhaber.

Mir scheint, du hast recht, bemerkte ich.

Es geht nun zwar die Rede, fuhr sie fort, daß diejenigen lieben, die ihre andere Hälfte suchen; ich aber behaupte, daß die Liebe weder auf die Hälfte geht noch auf das Ganze, wenn es nicht eben auch, mein Freund, ein Gutes ist. Sind doch die Menschen bereit, sogar ihre eigenen Füße und Hände sich abschneiden zu lassen, wenn diese ihre eigenen Gliedmaßen ihnen schädlich zu sein scheinen, denn niemandes Herz, sollt' ich meinen, hängt an dem Eigenen, es müßte denn einer das Gute sein Eigen nennen und ihm zugehörig, das Schlechte aber als ihm fremd, denn die Menschen lieben nichts anderes als das Gute. Oder bist du anderer Meinung?

Gott bewahre! lautete meine Antwort.

Darf man nun, so fuhr sie fort, so schlechtweg sagen: die Menschen lieben das Gute?

Ja, erwiderte ich.

Doch wie? Ist nicht der Zusatz nötig, versetzte sie, daß sie auch den Besitz des Guten lieben?

Allerdings!

Und nicht wahr? fuhr sie fort, nicht nur den Besitz, sondern auch den dauernden Besitz?

Auch dieses Zusatzes bedarf es.

Es gilt also, sagte sie, um alles zusammenzufassen, die Liebe dem dauernden Besitz des Guten.

Du hast vollkommen recht, erwiderte ich.

Da also die Liebe immer auf dies Ziel gerichtet ist, fuhr sie fort, in welcher Weise muß man es dann verfolgen, und in welcher Wirkungsart muß der Eifer und die Anstrengung der Liebe hervortreten, um diesen ihren Namen zu verdienen? Was ist es für eine Betätigung? Weißt du's zu sagen?

Wahrlich, liebe Diotima, erwiderte ich; könnt' ich dies sagen, dann würd' ich nicht zu den Bewunderern deiner Weisheit gehören und nicht als Schüler in eben diesen Fragen zu dir in die Lehre gehen.

Nun, so will ich es dir sagen, entgegnete sie. Es ist dies die Zeugung im Schönen, dem Körper wie der Seele nach.

Sehergabe gehört dazu, sagte ich, um deine Worte zu deuten: ich fasse sie nicht.

Nun gut, erwiderte sie, so werd' ich mich deutlicher ausdrücken. Alle Menschen nämlich, mein Sokrates, tragen Zeugungsstoff in sich, ihr Körper nicht bloß, sondern auch ihr Geist, und sobald sie das gehörige Alter erreicht haben, trägt unsere Natur Verlangen nach Zeugung. Zeugen aber kann sie nicht im Häßlichen, wohl aber im Schönen. Die Vereinigung nämlich von Mann und Frau ist Zeugung. Es ist dies aber ein göttlicher Vorgang, und das sterbliche Geschöpf trägt dieses beides, die Schwangerschaft und die Zeugung, als unsterbliche Beigabe in sich. Im Disharmonischen aber ist ein solcher Vorgang unmöglich. Das Häßliche aber steht zu allem Göttlichen in einem Verhältnis der Disharmonie, das Schöne dagegen in einem Verhältnis der Harmonie. Es ist also die Schönheit, die als Schicksals- und Entbindungsgöttin über der Geburt waltet. So kommt es denn, daß, wenn das zeugungsbedürftige Wesen dem Schönen sich nähert, es froh gestimmt wird und in Wonne zerfließt und sich entlädt und zeugt. Trifft es aber auf Häßliches, dann zieht es sich finster und traurig in sich selbst zusammen, wendet sich ab, rollt sich zusammen und zeugt nicht, sondern behält seinen Zeugungsstoff bei sich, an dem es schwer zu tragen hat. Daher das wunderbare Entzücken des Zeugungsbedürftigen und von Zeugungsstoff Strotzenden beim Anblick des Schönen; wird er doch dadurch von schweren Wehen befreit. Denn, mein Sokrates, sagte sie, die Liebe gehört nicht so schlechthin dem Schönen, wie du glaubst.

Aber wem denn sonst?

Der Erzeugung und Hervorbringung im Schönen.

Mag sein, versetzte ich.

Ohne allen Zweifel, erwiderte sie. Warum nun also der Erzeugung? Weil die Zeugung etwas Ewiges und Unsterbliches ist, soweit bei Sterblichen davon die Rede sein kann. Daher gehört dazu nach dem Zugestandenen auch unbedingt neben dem Streben nach dem Guten auch das nach Unsterblichkeit, wenn anders die Liebe dem *dauernden* Besitz des Guten gilt. Aus dieser Betrachtung ergibt sich also mit Notwendigkeit, daß die Liebe auch auf die Unsterblichkeit gerichtet ist.

Hugo von Hofmannsthal

## *Weltgeheimnis*

Der tiefe Brunnen weiß es wohl,
Einst waren alle tief und stumm,
Und alle wußten drum.

Wie Zauberworte, nachgelallt
Und nicht begriffen in den Grund,
So geht es jetzt von Mund zu Mund.

Der tiefe Brunnen weiß es wohl;
In den gebückt, begriffs ein Mann,
Begriff es und verlor es dann.

Und redet' irr und sang ein Lied –
Auf dessen dunklen Spiegel bückt
Sich einst ein Kind und wird entrückt.

Und wächst und weiß nichts von sich selbst
Und wird ein Weib, das einer liebt
Und – wunderbar wie Liebe gibt!

Wie Liebe tiefe Kunde gibt! –
Da wird an Dinge, dumpf geahnt,
In ihren Küssen tief gemahnt …

In unsern Worten liegt es drin,
So tritt des Bettlers Fuß den Kies,
Der eines Edelsteins Verlies.

Der tiefe Brunnen weiß es wohl,
Einst aber wußten alle drum,
Nun zuckt im Kreis ein Traum herum.

Seneca

## *Der Gott in uns*

Ich wüßte nichts Besseres und Heilsameres für dich, als daß du, wie du schreibst, beharrest in deinem Streben nach sittlicher Vervollkomnung, die zum Gegenstand des Wunsches zu machen Torheit ist, da es ganz von uns selbst abhängt, sie zu erreichen. Man tut nicht gut, die Hände zum Himmel zu erheben und den Tempelhüter anzuflehen, uns unmittelbar an das Ohr des Götterbildes herantreten zu lassen, als könnten wir uns dadurch höheren Anspruch auf Erhörung unseres Gebetes verschaffen: Gott ist dir nahe, er ist bei dir, ist in dir. Glaube mir, mein Lucilius, es wohnt in uns ein heiliger Geist, ein Beobachter und Wächter alles dessen, was sich in uns von Schlechtem und Gutem findet. Dieser verfährt mit uns ebenso wie wir mit ihm. Niemand ist ein guter Mensch ohne Gott. Oder könnte sich einer über das Schicksal erheben anders als durch seine Hilfe? Ihm verdanken wir alle unsere hochherzigen und erhabenen Entschlüsse. In jedem guten Menschen

»wohnt ein Gott, ob der oder der«.

Führt dich dein Weg einmal zu einem Walde mit einem dichten Bestand alter und über das gewöhnliche Maß hinausragender Bäume, die durch das vielfältige Ineinandergreifen der sich übereinanderdrängenden Äste den Himmel verschleiern, so wird die Erhabenheit dieses Waldes, das Geheimnisvolle der Örtlichkeit, das Wunderbare dieses dichten ununterbrochenen Schattenbereiches nicht verfehlen, den Glauben an göttliches Walten in dir zu wecken. Triffst du auf eine Grotte, die sich tief in das über ihr schwebende Felsgebirge hineinzieht, nicht von Menschenhand gemacht, sondern durch Naturkräfte in so auffallender Ausdehnung geschaffen, so wirst du in deinem Innern eine gewisse Ahnung des Göttlichen spüren. Die Quellstätten großer Flüsse sind uns heilig. Wo überraschend – wir wissen nicht woher – ein gewaltiger Strom hervorbricht, da sind Altäre errichtet. Heiße Quellen sind ein Gegenstand der Verehrung, und manche stehenden Gewässer haben eine gewisse Weihe empfangen durch ihre schattige Umgebung oder durch ihre unergründliche Tiefe. Siehst du einen Mann, den keine Gefahr schreckt, der keiner Begierde zugänglich, glücklich inmitten von Widerwärtigkeiten, ruhig im Toben des Sturmes ist, der sich der Göttlichkeit näher fühlt als dem Menschentum, wirst du den nicht mit Ehrfurcht betrachten? Wirst du nicht sagen: »Eine solche Seelenverfassung ist zu hoch und zu erhaben, als daß man sie sich vereinbar denken könnte mit einem so armseligen Körper?« Es ist eine göttliche Kraft, die sich auf sie niedergelassen hat. Es ist eine himmlische Macht, die diesem erhabenen und maßvollen Gebet als Triebkraft innewohnt, die sich allem Irdischen weit überlegen fühlt und über alles lächelt, was wir fürchten und wünschen. Ein so hoher Geistesflug kann nicht ohne göttliche Beihilfe bestehen. Ein Geist dieser Art ist also seinem besseren Teile nach da, von wannen er herniedergekommen ist. Wie die Strahlen der Sonne zwar die Erde berühren, aber dort wurzeln, von wo sie zu uns kommen, so steht eine große, heilige und zur Förderung unserer Erkenntnis des Göttlichen herabgesandte Seele zwar in Verkehr mit uns, verliert aber doch nie den festen Zusammenhang mit ihrer Ursprungsstätte: Von dort erhält sie ihre bestimmende Richtung, dorthin ist ihr Streben gerichtet, mit uns verkehrt sie nur als eine Art höheres Wesen.

Und diese Seele, welche wäre sie denn? Keine andere als die, die ihren Glanz nur durch das ihr selbst entstammende Gute erhält. Denn was wäre törichter, als an einem Menschen zu loben, was er nicht sich selbst verdankt? Ist es nicht geradezu verrückt, das zu bewundern, was im Handumdrehen auf einen anderen übergehen kann? Goldene Zügel machen ein Pferd nicht besser. Anders tritt im Zirkus ein Löwe auf mit vergoldeter Mähne, der durch das fortwährende Streicheln und durch die Bemühungen derer, die ihm den Goldschmuck aufzuzwingen haben, matt gemacht worden ist, anders ein ungeschmückter, der noch im vollen Besitz seiner feurigen Kraft ist; denn dieser, kühn und draufgängerisch, wie ihn die Natur gewollt hat, herrlich zu schauen gerade in seiner Wildheit, dessen Schmuck es ist, daß man ihn nicht ohne ein Gefühl des Schauderns ansehen kann, wird jenem abgematteten mit Goldflitter behangenen entschieden vorgezogen. Niemand soll sich etwas zugute tun auf etwas, was nicht ihm gehört. Wir loben den Weinstock, wenn er die Schößlinge mit Frucht belastet, wenn er durch die Last seines Ertrages die Rebpfähle niederbeugt. Wer würde dem einen Weinstock vorziehen, an dem goldene

Trauben, goldene Blätter hängen? Des Weinstocks eigener Vorzug ist seine Fruchtbarkeit; so ist auch am Menschen nur das zu loben, was wirklich sein Eigentum ist. Er hat eine Dienerschaft, die sich sehen lassen kann, er hat ein schönes Haus, viel Fruchtland, viel Geld zum Ausleihen; aber nichts von alledem ist in ihm selbst, er hat es nur um sich. Lobwürdig in ihm ist nur, was ihm nicht genommen, nicht gegeben werden kann. Und dies, was ist es? Der Geist und die in dem Geist zur Reife gelangte Vernunft. Denn der Mensch ist ein vernünftiges Geschöpf. Sein Vorzug erreicht also seine Vollendung, wenn er seine Bestimmung erfüllt. Was ist es aber, was eben diese Vernunft von ihm fordert? Eine Sache, an sich leichter als jede andere: seiner Natur gemäß zu leben. Aber eben sie wird überaus erschwert durch die allgemeine Torheit: Wir drängen einander uns gegenseitig auf den Weg zum Laster. Welche Möglichkeit aber gibt es, die Leute wieder auf den Heilsweg zurückzubringen, die niemand zurückhält, während die große Menge sie mit sich fortreißt?

Johann Wolfgang von Goethe

## *Prolog im Himmel*

Der Herr. Die himmlischen Heerscharen.
Nachher Mephistopheles.
Die drei Erzengel treten vor.

RAPHAEL. Die Sonne tönt nach alter Weise
In Brudersphären Wettgesang,
Und ihre vorgeschriebne Reise
Vollendet sie mit Donnergang.

Ihr Anblick gibt den Engeln Stärke,
Wenn keiner sie ergründen mag;
Die unbegreiflich hohen Werke
Sind herrlich wie am ersten Tag.
Gabriel. Und schnell und unbegreiflich schnelle
Dreht sich umher der Erde Pracht;
Es wechselt Paradieseshelle
Mit tiefer, schauervoller Nacht;
Es schäumt das Meer in breiten Flüssen
Am tiefen Grund der Felsen auf,
Und Fels und Meer wird fortgerissen
In ewig schnellem Sphärenlauf.
Michael. Und Stürme brausen um die Wette,
Vom Meer aufs Land, vom Land aufs Meer,
Und bilden wütend eine Kette
Der tiefsten Wirkung rings umher.
Da flammt ein blitzendes Verheeren
Dem Pfade vor des Donnerschlags;
Doch deine Boten, Herr, verehren
Das sanfte Wandeln deines Tags.
Zu dritt. Der Anblick gibt den Engeln Stärke,
Da keiner dich ergründen mag,
Und alle deine hohen Werke
Sind herrlich wie am ersten Tag.
Mephistopheles. Da du, o Herr, dich einmal wieder nahst
Und fragst, wie alles sich bei uns befinde,
Und du mich sonst gewöhnlich gerne sahst,
So siehst du mich auch unter dem Gesinde.
Verzeih, ich kann nicht hohe Worte machen,
Und wenn mich auch der ganze Kreis verhöhnt;
Mein Pathos brächte dich gewiß zum Lachen,
Hättst du dir nicht das Lachen abgewöhnt.
Von Sonn' und Welten weiß ich nichts zu sagen,

Ich sehe nur, wie sich die Menschen plagen.
Der kleine Gott der Welt bleibt stets von gleichem Schlag,
Und ist so wunderlich als wie am ersten Tag.
Ein wenig besser würd' er leben,
Hättst du ihm nicht den Schein des Himmelslichts gegeben;
Er nennt's Vernunft und braucht's allein,
Nur tierischer als jedes Tier zu sein.
Er scheint mir, mit Verlaub von Euer Gnaden,
Wie eine der langbeinigen Zikaden,
Die immer fliegt und fliegend springt
Und gleich im Gras ihr altes Liedchen singt;
Und läg' er nur noch immer in dem Grase!
In jeden Quark begräbt er seine Nase.

DER HERR. Hast du mir weiter nichts zu sagen?
Kommst du nur immer anzuklagen?
Ist auf der Erde ewig dir nichts recht?

MEPHISTOPHELES.
Nein, Herr! ich find' es dort, wie immer, herzlich schlecht.
Die Menschen dauern mich in ihren Jammertagen,
Ich mag sogar die armen selbst nicht plagen.

DER HERR. Kennst du den Faust?

MEPHISTOPHELES. Den Doktor?

DER HERR. Meinen Knecht!

MEPHISTOPHELES.
Fürwahr! er dient Euch auf besondre Weise.
Nicht irdisch ist des Toren Trank noch Speise.
Ihn treibt die Gärung in die Ferne,
Er ist sich seiner Tollheit halb bewußt;
Vom Himmel fordert er die schönsten Sterne
Und von der Erde jede höchste Lust,
Und alle Näh' und alle Ferne
Befriedigt nicht die tiefbewegte Brust.

DER HERR. Wenn er mir jetzt auch nur verworren dient,
So werd' ich ihn bald in die Klarheit führen.
Weiß doch der Gärtner, wenn das Bäumchen grünt,
Daß Blüt' und Frucht die künft'gen Jahre zieren.

MEPHISTOPHELES.
Was wettet Ihr? den sollt Ihr noch verlieren,
Wenn Ihr mir die Erlaubnis gebt,
Ihn meine Straße sacht zu führen!

DER HERR. Solang' er auf der Erde lebt,
Solange sei dir's nicht verboten.
Es irrt der Mensch, solang' er strebt.

MEPHISTOPHELES.
Da dank' ich Euch; denn mit den Toten
Hab' ich mich niemals gern befangen.
Am meisten lieb' ich mir die vollen, frischen Wangen.
Für einen Leichnam bin ich nicht zu Haus;
Mir geht es wie der Katze mit der Maus.

DER HERR. Nun gut, es sei dir überlassen!
Zieh diesen Geist von seinem Urquell ab,
Und führ' ihn, kannst du ihn erfassen,
Auf deinem Wege mit herab,
Und steh beschämt, wenn du bekennen mußt:
Ein guter Mensch in seinem dunklen Drange
Ist sich des rechten Weges wohl bewußt.

MEPHISTOPHELES.
Schon gut! nur dauert es nicht lange.
Mir ist für meine Wette gar nicht bange.
Wenn ich zu meinem Zweck gelange,
Erlaubt Ihr mir Triumph aus voller Brust.
Staub soll er fressen, und mit Lust,
Wie meine Muhme, die berühmte Schlange.

DER HERR. Du darfst auch da nur frei erscheinen;
Ich habe deinesgleichen nie gehaßt.

Von allen Geistern, die verneinen,
Ist mir der Schalk am wenigsten zur Last.
Des Menschen Tätigkeit kann allzuleicht erschlaffen,
Er liebt sich bald die unbedingte Ruh;
Drum geb' ich gern ihm den Gesellen zu,
Der reizt und wirkt und muß als Teufel schaffen. –
Doch ihr, die echten Göttersöhne,
Erfreut euch der lebendig reichen Schöne!
Das Werdende, das ewig wirkt und lebt,
Umfass' euch mit der Liebe holden Schranken,
Und was in schwankender Erscheinung schwebt,
Befestiget mit dauernden Gedanken.
(Der Himmel schließt, die Erzengel verteilen sich.)

MEPHISTOPHELES (allein).
Von Zeit zu Zeit seh' ich den Alten gern,
Und hüte mich, mit ihm zu brechen.
Es ist gar hübsch von einem großen Herrn,
So menschlich mit dem Teufel selbst zu sprechen.

Zhuangzi

## *Liebe und Pflicht*

Kongzi [Konfuzius] ging nach Westen, um Schriften in der kaiserlichen Bibliothek niederzulegen. Da gab ihm Zhi Lu einen Rat und sprach: »Soviel ich weiß, ist da ein gewisser Lao Dan (Laozi), der früher kaiserlicher Bibliothekar war, sich aber nun zurückgezogen hat und in seiner Heimat lebt. Wenn Ihr Schriften niederlegen wollt, Meister, so macht doch einmal den Versuch, zu ihm zu gehen, damit er Euch behilflich sei.«

Kongzi sprach: »Trefflich!«

Und er ging hin, den Lao Dan zu besuchen. Aber Lao Dan war nicht dafür zu haben. Darauf gab er ihm eine Beschreibung der zwölf klassischen Schriften, um ihn zu überzeugen. Lao Dan unterbrach ihn mitten in seiner Rede und sprach: »Das ist zu ausführlich. Ich möchte die Hauptpunkte hören.«

Kongzi sprach: »Der Hauptpunkt ist Liebe und Pflicht.«

Lao Dan sprach: »Darf ich fragen: Gehören Liebe und Pflicht eigentlich zum Wesen des Menschen?«

Kongzi sprach: »Gewiß. Die Tugend ist ohne Liebe nicht vollkommen und kann ohne Pflicht nicht entstehen. Liebe und Pflicht gehören zum Wesen des wahren Menschen. Was will er ohne sie anfangen?«

Lao Dan sprach: »Was bedeuten eigentlich Liebe und Pflicht?«

Kongzi sprach: »Im innersten Herzen alle Wesen gern haben, alle lieben ohne Selbstsucht; das ist die Art von Liebe und Pflicht.«

Lao Dan sprach: »Ei, das scheinen mir recht minderwertige Reden zu sein. Alle zu lieben, ist das nicht übertrieben? Selbstlosigkeit als seine Pflicht ansehen, das beweist ja gerade, daß man selbstsüchtig ist. Wenn Ihr, Meister, den Wunsch habt, daß die Welt nicht ohne Hirten sei, so wißt Ihr ja, daß Himmel und Erde ihre ewigen Ordnungen in sich selbst haben, daß Sonne und Mond ihr Licht in sich selbst haben, daß Sterne und Sternbilder ihre Ordnung in sich selbst haben, daß die Tiere ihren Herdentrieb in sich selbst haben, daß die Pflanzen ihren Standort in sich selbst haben. Wenn Ihr, Meister, in Euren Handlungen diese Wirkkraft nachahmt und mit Euren Schriften diesem Dao folgt, so seid Ihr ja schon am Ziel. Was braucht Ihr da noch krampfhaft Liebe und Pflicht predigen, wie wenn man die Pauke schlagen wollte, um einen verlorenen Sohn zu suchen? Ei, Meister, Ihr verwirrt der Menschen Wesen!«

Birgitta von Schweden

## *Fragen und Antworten*

Erste Frage. Wieder zeigte sich der Mönch auf seiner Leiter wie früher und sagte: »O Richter, ich frage dich: Warum spricht man von ›häßlich‹ und ›schön‹ in der Welt?«

Zweite Frage. »Und warum muß ich die Schönheit der Welt hassen, ich, der so schön ist und von so vornehmer Abkunft?«

Dritte Frage. »Und warum kann ich mich nicht über andere erheben, wenn ich reich bin?«

Vierte Frage. »Und warum kann ich mich nicht vor die anderen setzen, wenn ich nun ehrenwerter als sie bin?«

Fünfte Frage. »Und warum darf ich nicht meinen eigenen Ruhm suchen, wenn ich gut und lobenswert bin?«

Sechste Frage. »Und warum darf ich nicht Belohnung fordern, wenn ich den anderen Dienste erweise?«

Antwort auf die erste Frage. Der Richter antwortete: »Mein Freund, das Häßliche und Schöne in der Welt kann mit anderen Worten auch bitter und süß genannt werden, denn die Häßlichkeit der Welt, das heißt Schmähung und Unglück in der Welt, ist etwas Bitteres, das den Gerechten nützt und sie zur Gesundheit führt, während die Schönheit der Welt, das heißt Glück in der Welt, eine falsche und verleitende Lockung ist. Wer also die Schönheit der Welt flieht und ihre Süße verschmäht, wird die Häßlichkeit der Hölle nicht erleben oder ihre Bitterkeit schmecken, sondern zu meiner Freude aufsteigen. Deshalb ist es, um der Häßlichkeit der Hölle zu entgehen und die Süße des Himmelreiches zu gewinnen, notwendig, lieber nach der Häßlichkeit der Welt als nach ihrer Schönheit zu greifen, wenn nämlich auch alles von mir wohl geschaffen wurde und alles zusammen sehr gut ist, soll man sich doch im höchsten Grad vor dem achten, was der Seele Schaden zufügen kann, wenn man meine Gaben unverständig gebraucht.«

Antwort auf die zweite Frage. »Auf die Frage, warum man sich seiner Abkunft nicht rühmen darf, antworte ich ferner: Du hattest deinen Ursprung aus der häßlichsten Fäulnis und Unreinheit deines Vaters, und im Leib deiner Mutter warst du wie tot und ganz und gar unrein. Es stand nicht in deiner Macht, von vornehmen oder geringen Eltern geboren zu werden, sondern meine Güte und Huld riefen dich zum Licht. Also sollst du, wenn du vornehm genannt wirst, dich unter mich, deinen Gott, demütigen, der dich in einer vornehmen Familie geboren werden ließ, und dich mit deinem Nächsten gleichstellen, denn er ist von gleichem Stoff wie du, obgleich du durch meine Vorsehung aus einem nach menschlichen Begriffen hohen Geschlecht hervorgingst und er aus geringem. Du, der hochgeboren ist, sollst auch größere Furcht als der Geringgeborene hegen, denn je vornehmer und reicher du bist, um so strengere Rechenschaft wird von dir gefordert werden und einem desto härteren Gericht mußt du dich unterwerfen, da du mehr empfangen hast.«

Antwort auf die dritte Frage. »Auf die Frage, warum man nicht über Reichtümer stolz sein soll, antworte ich ferner: Die Reichtümer der Welt sind nur um der notdürftigen Nahrung und Kleidung willen die deinigen. Die Welt ist nämlich zu dem Zweck geschaffen, daß der Mensch die Erhaltung seines Leibes habe und durch Arbeit und Demut zu mir, seinem Gott, zurückkehre, gegen den er ungehorsam war, den er verachtet hat und um den er sich in seinem Übermut nicht gekümmert hat. Wenn du sagst, daß zeitliches Gut dir gehört, sage ich dir die sichere Wahrheit, daß du dir alles, was du über deine Notdurft hinaus besitzest, mit Gewalt angeeignet hast. Denn alles zeitliche Gut soll gemeinsam und für alle Bedürftigen gleich sein; so gebietet es die Liebe. Aber du eignest dir um deines Überflusses willen an, was du aus Mitleid anderen verleihen solltest. Obgleich viele aus vernünftigen Gründen viel mehr als andere haben und es für klug ausgeben, ist es ratsam – damit man nicht gegen dich beim Gericht strenger verfahren soll als gegen andere, gegen dich, der mehr als andere empfangen hat –, daß du nicht vielen Besitz sammelst und dich hochmütig für mehr hältst als andere. Denn wie es behaglich ist, in der Welt mehr zeitlichen Besitz zu haben als andere und in Überfluß zu leben, so ist es beim Gericht furchtbar und über alles Maß schwer, wenn man sogar bezüglich des erlaubten Eigentums beweisen muß, daß man es klug verwaltet hat.«

Antwort auf die vierte und fünfte Frage. »Auf die Frage, warum man nicht sein eigenes Lob suchen soll, antworte ich weiter: Niemand ist gut aus sich selbst außer ich, Gott, und jeder, der gut ist, hat diese Güte von mir. Wenn also du, der nichts ist, dein eigenes Lob suchst und nicht das meinige, obgleich jede vollkommene Gabe von mir kommt, so ist dein Lob falsch, und du tust mir, deinem Schöpfer, Unrecht. Denn wie alles Gute, das du hast, von mir kommt, so sollst du alles Lob mir geben, und wie ich, dein Gott, dir alles zeitlich Gute schenke, Kräfte, Gesundheit, Bewußtsein, Klugheit, zu erdenken, was nützlich für dich ist, Zeit und Leben, so bin ich es, den du ehren sollst, wenn du gut und vernünftig das verwaltest, was dir gegeben wurde. Wenn du es aber schlecht verwaltest, so ist es dein Fehler, und du machst dich der Undankbarkeit schuldig.«

Antwort auf die sechste Frage. »Auf die Frage, warum man nicht zeitliche Belohnung für gute Werke im gegenwärtigen Leben verlangen soll, antworte ich ferner: Jeder, der anderen Gutes tut, und nicht nach der Vergeltung der Menschen fragt, sondern bloß nach der, welche ich, Gott, ihm geben will, der wird das Größte für das Kleine, das Ewige für das Zeitliche bekommen; dagegen wird der, welcher das Irdische im Austausch gegen das Zeitliche sucht, bekommen, was er begehrt, aber das Unvergängliche verlieren. Deshalb ist es – damit man das Ewige statt des Vergänglichen gewinne – nützlicher, keine Belohnung von Menschen zu begehren, sondern von mir.«

Kurt Tucholsky

## *Eine kleine Sonntagspredigt*

Auf der Erde leben einundeinedreiviertel Milliarde Menschen (die Anwesenden natürlich ausgenommen) – und im Grunde denkt jeder, er sei allein, was die Qualität anbetrifft. »So wie ich ...«, denkt jeder, »so ist kein anderer – so kann kein anderer sein.« Ob das wohl richtig ist?

Wir sehen den Verbrecher und den Jubilar als Einzelwesen und rechnen beiden das allgemeine Niveau mit an; es ist so, wie wenn sich ein Seehund rühmen wollte, daß er schwimmen kann. Alle Seehunde können es.

Da ist zum Beispiel der Beruf.

Sie kennen ja alle die Festrede, die bei der Jahresversammlung des Reichsverbandes wissenschaftlich geprüfter Traumbuch-Verfasser steigt: jeder Traumbuch-Verfasser ist mindestens ein Napoleon, ein Goethe, ein Rockefeller, ein ... nach Belieben auszufüllen. Andere Berufe kommen da gar nicht mit. Vor wem erzählt der Mann das eigentlich? Damit kann er doch nur einem Eskimo imponieren, einem, der nicht weiß, daß die in der Festrede gerühmten Eigenschaften heute so ziemlich alle zivilisierten Menschen besitzen: wir alle können telefonieren, ein Grammophon anstellen, das elektrische Licht anknipsen; viele von uns können schoffieren, viele haben Entschlußkraft, verstehen, sich in einer fremden Stadt zurechtzufinden, können Reisedispositionen treffen – es ist die Zeit, die die Menschen so geformt hat; das Verdienst eines einzelnen ist es nicht. Aber das hören sie nicht gern – sie spielen vor sich selber und vor einem imaginären Publikum gern den Wundermann. »So schön wie ich das kann …« Verlaß dich drauf: der andere kann das alles auch.

Der Schriftsteller tut gern so, als sei er von einem Zauberwesen begnadet und als sei dies etwas ganz und gar Einzigartiges: schriftzustellern – und vergißt dabei, daß es Tausende und Tausende können wie er. Der Arzt umgibt sich gern mit einer Atmosphäre des geheimnisvollen Medizinmannes (wobei nicht untersucht werden soll, inwieweit der Patient das braucht und wünscht). Der Industrielle tut gern so, als habe er allein – Herr Generaldirektor Bölk – Tatkraft, Klugheit und Umsicht der ganzen Welt gepachtet … kurz: jeder will als Einzelwesen gewertet und möglichst verehrt werden und läßt unbewußt-bewußt außer acht, daß Millionen neben ihm und um ihn sind, die sich auf genau derselben Ebene bewegen, wie er es tut. Dagegen wehrt sich das Individuum – es ist sein letzter, sein verzweifelter Kampf gegen unbarmherzige Uniformierung einer mechanistischen Zeit. Er will nicht. Er spielt: einmaliges Individuum. Die klugen (die Anwesenden natürlich eingeschlossen) geben das alles für den Beruf und für das Gemeinschaftsleben zu. »Aber«, sagt jeder von ihnen, »aber … man hat doch da so seine kleinen Eigenheiten …« Und hier wird die Sache restlos komisch. Denn gerade bei den »kleinen Eigenheiten« ist die Übereinstimmung so groß, daß man glauben sollte, die Menschen würden in Serien hergestellt.

Die Tage der Niedergeschlagenheit, wo alles aus ist: Beruf grau, Liebe danebengegangen, Geld flöten, Bücher langweilig, das ganze Leben verfehlt – der andere auch! Der merkwürdige Waldspaziergang damals, wo von den Fichten lauter Gestorbene heruntergrüßten und so schauerlich nickten, und wo du schneller gingst, weil du Furcht hattest, dich drüber ärgertest, Mut markiertest, und nun noch mehr Furcht hattest – der andere auch! Der wie ein Nieskitzel plötzlich auftretende Reiz, bei ganz ernsten Situationen lachen zu müssen, die Angst davor, das Bemühen, dieses blödsinnige Lachen gerade noch herunterzuschlucken – der andere auch! Immer: der andere auch. Du hast da morgens, wenn du dich anziehst, eine Reihe kleiner, fast sakraler Handlungen ... der andere auch. Du hast manchmal, bevor du in ein fremdes Haus gehst, die »Portalangst« ... der andere auch. Du bist mutig, sagen wir, beim Zahnarzt und feige vor dem Examen – oder umgekehrt ... der andere auch. Du machst so eine komische Bewegung mit den Kinnbacken, wenn du ein Buch aufschneidest ... Immer, immer: der andere auch.

Ja, zum Donnerwetter, sollen wir denn nun gar nichts mehr haben, das uns ganz allein gehört? Doch, das gibt es vielleicht ... aber es finden sich stets, wenn man näher hinsieht, Hunderte, die machen es dann doch genau so, und Tausende, die machen es beinah so, und Zehntausende, die machen es ähnlich ... der andere auch.

Es tut gut, das zu wissen.

Denn nichts ist gefährlicher, als den Partner zu niedrig einzuschätzen – auf diese Weise sollen schon Kriege verloren gegangen sein. Glaub du ja nicht, du seist der einzig Schlaue weit und breit; du allein verständest den Reiz der Einsamkeit auszukosten; habest allein den Wunsch, mit einer Frau auf einer einsamen Insel (für vier Wochen) zu wohnen ... glaub das nicht. Und doch glauben wir es im stillen alle. Wir besetzen das Theater des Lebens so:

Hauptrolle: ICH. Dann eine ganze Weile gar nichts. Dann eine unübersehbare Statisterie: die andern. Nicht, daß wir sie nun alle für dämlich hielten ... aber eben doch nur: für die

»andern« ... und es gehört schon eine ganze Menge Lebensklugheit, nein, Weisheit dazu, einzusehen, daß es mit den andern im Grunde genau, aber ganz genau so bestellt ist wie mit uns. Denn jeder von ihnen hat schon verzweifelt vor einem Haus auf eine Frau gewartet und dabei an dem Haus hochgesehen wie an einem bösen Urwelttier ... jeder von ihnen hatte seinen kleinen Stolz, als er sich freigeschwommen hatte; jeder von ihnen hat vier kleine dumme Gegenstände in den Schubladen, die behangen sind mit Erinnerungen ... jeder hat das. Nicht nur du allein. Nicht nur ich allein. Jeder hat, um es mit einem Wort zu sagen, die unaufgeräumte kleine Schublade, auf die jeder so stolz ist, als habe er sie ganz allein.

Khalil Gibran

## *Von der Freude und vom Leid*

Dann sagte eine Frau: Sprich zu uns von der Freude und vom Leid.

Und er antwortete:

Eure Freude ist euer entschleiertes Leid.

Und derselbe Brunnen, dem euer Lachen entsteigt, war oftmals mit euren Tränen gefüllt.

Und wie könnte es auch anders sein?

Je tiefer sich jenes Leid in euer Wesen gräbt, desto mehr Freude könnt ihr fassen.

Ist nicht der Becher, der euren Wein enthält, derselbe Becher, der im Töpferofen glühte?

Und ist nicht die Laute, die eure Seele erfreut, eben das Holz, das Messerklingen höhlten?

Wenn ihr glücklich seid, blickt tief in euer Herz, und ihr werdet erkennen, daß gerade das, was euch leiden ließ, euch jetzt Freude schenkt.

Wenn ihr bekümmert seid, blickt abermals in euer Herz, und ihr werdet sehen, daß ihr in Wahrheit über das weint, was zuvor eure Freude war.

Manche von euch sagen: »Die Freude wiegt schwerer als das Leid«, und andere sagen: »Nein, schwerer wiegt das Leid.«

Ich aber sage euch: Die beiden sind untrennbar.

Sie kommen stets gemeinsam, und sitzt nur das eine mit euch an eurem Tisch, vergeßt nicht, daß das andere auf eurem Bett schläft.

Wahrlich, ihr hängt wie eine Waage zwischen eurem Leid und eurer Freude.

Nur wenn ihr leer seid, schwebt ihr reglos und im Gleichgewicht.

Wenn der Schatzhüter euch hebt, um sein Gold und sein Silber zu wägen, können eure Freude und euer Leid nicht anders als steigen oder fallen.

Rainer Maria Rilke

## *Was wirst du tun, Gott, wenn ich sterbe?*

Was wirst du tun, Gott, wenn ich sterbe?
Ich bin dein Krug (wenn ich zerscherbe?)
Ich bin dein Trank (wenn ich verderbe?)
Bin dein Gewand und dein Gewerbe,
mit mir verlierst du deinen Sinn.

Nach mir hast du kein Haus, darin
dich Worte, nah und warm, begrüßen.
Es fällt von deinen müden Füßen
die Samtsandale, die ich bin.

Dein großer Mantel läßt dich los.
Dein Blick, den ich mit meiner Wange
warm, wie mit einem Pfühl, empfange,
wird kommen, wird mich suchen, lange –
und legt beim Sonnenuntergange
sich fremden Steinen in den Schoß.

Was wirst du tun, Gott? Ich bin bange.

Aus der Katha-Upanischad

## *Tod und Unsterblichkeit*

### *Fünfte Ranke*

Wer in die elftorige Burg des Ungebornen, der ohne Falsch ist, gelangt, der leidet keinen Schmerz mehr und ist für immer erlöst.

Das eben ist es.

Als Schwan sitzt er im reinen (Himmel als Sonne), als Gott sitzt er in der Luft (als Wolkenfeuer, das heißt Blitz), als Opferpriester sitzt er auf dem Altar, als Gast sitzt er im Hause, in den Menschen sitzt er, auf dem Ehrenplatz sitzt er, im Gesetz sitzt er, im Himmel sitzt er, aus dem Wasser geboren, von der Kuh (Aditi) geboren, aus dem Gesetz geboren, aus dem Stein geboren, selbst das hohe (Welt)gesetz.

Nach oben läßt er den Aushauch hinaus (der Atman als das Lebensprinzip im Menschen), rückwärts zieht er den Einhauch ein. Den in der Mitte (des Leibes) sitzenden Zwerg ehren alle Götter.

Wenn die im Leib befindliche eingekörperte (Seele) sich trennt, d. h. vom Leibe gelöst wird, was bleibt dabei (von ihr noch) übrig?

Das eben ist es.

Nicht lebt ein Mensch vom Aushauch, noch vom Einhauch, sondern sie leben durch jenen anderen, an welchem diese beiden ihren Halt haben.

Wohlan, ich will dich jenes geheimnisvolle, von Ewigkeit bestehende Brahman lehren, und wie es der Seele ergeht, wenn sie zum Sterben kommt, o Gautama.

Die einen gehen in einen Mutterschoß ein als eingekörperte Seelen zur Leiblichkeit. Andere gelangen in eine Baumwurzel je nach ihrem Werk und ihren Kenntnissen.

Der Geist, der in den Schlafenden wacht und jeden Wunsch (im Traum) hervorruft, der ist das Licht, das Brahman, der heißt das Unsterbliche. Auf ihm ruhen alle Welten, darüber hinaus kommt keiner.

Das eben ist es.

Wie das eine Feuer, wenn es (als animalische Wärme) in die Kreatur einzieht, sich jeglicher Form anpaßt, so paßt sich auch der Eine (Atman) als Innenseele aller Wesen jeglicher Form an und bleibt doch außerhalb.

Wie der eine Wind, wenn er (als Odem) in die Kreatur einzieht, sich jeglicher Form anpaßt, so paßt sich auch der Eine (Atman) als Innenseele aller Wesen jeglicher Form an und bleibt doch außerhalb.

Wie die Sonne, das Auge der ganzen Welt, nicht getrübt wird durch die äußerlichen Fehler des (menschlichen) Auges, so bleibt der Eine als Innenseele ungetrübt durch den Weltschmerz, da er außerhalb steht.

Die Weisen, die im eignen Ich wiedererkennen jenen einzigen Gebieter (den absoluten Atman), der als Innenseele aller Wesen seine eine Form vervielfältigt, denen wird das ewigwährende Glück zuteil, nicht den anderen.

Die Weisen, die im eignen Ich den wiedererkennen, der als der einzige Bewußte unter den vielen Bewußten (der empirischen Seelen), als der Unvergängliche der Vergänglichen die Wünsche weckt, denen wird der ewige Friede zuteil, nicht den anderen.

(Naciketas:)

»Das ist es«, diese Erkenntnis halten sie für die unbeschreibliche höchste Lust. Wie soll ich mir dieses wohl vorstellen? Leuchtet es oder leuchtet es nicht?

(Yama:)

Bei ihm leuchtet die Sonne nicht, noch Mond und Sterne, noch leuchten jene Blitze, geschweige denn das Feuer. Von seinem Lichte ist alles Leuchtende nur ein Abglanz, von seinem Licht wird dieses All durchleuchtet.

## *Sechste Ranke*

Jener von Ewigkeit bestehende Feigenbaum (unter dessen Bild man sich das Weltgebäude vorstellt), der oben seine Wurzeln hat und seine Zweige nach unten senkt (wie es der Ficus religiosa tut), der ist das Licht, der das Brahman, derselbe heißt das Unsterbliche. Auf ihm ruhen alle Welten, darüber hinaus kommt keiner.

Der eben ist es.

Jene ganze Welt ist in seinem sich bewegenden Hauche hervorgegangen. Ein großes Drohnis ist es, der gezückte Donnerkeil (siehe den nächsten Vers). Die es kennen, die werden unsterblich.

Aus Furcht vor ihm brennt das Feuer, aus Furcht vor ihm sengt die Sonne. Aus Furcht vor ihm macht Indra und der Wind und als fünfter der Tod seinen Gang.

Wenn man es hienieden erkennen konnte noch vor der Auflösung des Leibes, so ist man dadurch fähig, in allen Welten einen Körper zu tragen.

Wie in einem Spiegel, so im eignen Selbst, wie im Traum, so in der Manenwelt, wie im Wasser, so spiegelt es sich in der Gandharvawelt wider, wie in Licht und Schatten, so ist es in der Brahmanwelt.

Wenn er die Gesondertheit der Sinne (d. h. ihre Verschiedenheit von der Seele), ihr (gesondertes) Hervortreten und Sichzurückziehen (während des Wachens beziehungsweise Schlafes), die gesondert (von der Seele) hervortreten, erkannt hat, so leidet der Weise keinen Schmerz mehr.

Über den Sinnen steht der Verstand, höher als der Verstand ist die Vernunft, über der Vernunft ist die große (Welt)-Seele, höher als die große Seele das Unentfaltete.

Über dem Unentfalteten aber steht der Geist, der allumfassende, ohne Merkmale. Welches Geschöpf den begriffen hat, das wird erlöst und geht zur Unsterblichkeit ein.

Nicht bietet sich seine Gestalt zum Sehen, keiner schaut ihn mit dem Auge. Mit dem Herzen, Nachdenken und Denken ist er vorstellbar. Die ihn kennen, die werden unsterblich.

Wenn die fünf Erkenntnisorgane samt dem Verstand stillstehen und die Vernunft untätig ist, so nennen sie das den höchsten Weg (zur Erkenntnis).

Diese unbewegliche Hemmung der Sinne verstehen sie unter dem Yoga. Dann wird er gesammelt, denn Yoga ist Entstehen (einer neuen Innenwelt) und Vergehen (der Außenwelt).

Nicht mit Worten, nicht mit dem Denken, nicht mit dem

Auge kann er erfaßt werden. Wie könnte es anders erfaßt werden als von einem (Lehrer), der sagt: er ist?

Nur mit dem Wort »er ist« wird er faßbar als das wahre Wesen für beide. »Er ist«, wer ihn so auffaßt, dem wird sein wahres Wesen klar.

Wenn alle Begierden, die in seinem Herzen sitzen, sich loslösen, dann wird der Sterbliche unsterblich, dann findet er schon in diesem (Leib) das Brahman.

Wenn hienieden (also die Erlösung bei Lebzeiten) alle Knoten (der Unwissenheit und des Zweifels) in seinem Herzen aufspringen, dann wird der Mensch unsterblich. Das ist die Lehre.

Es sind hundert und eine Ader des Herzens, von diesen tritt eine zum Kopf hinaus. In dieser emporsteigend geht man zur Unsterblichkeit ein. Die anderen dienen zum Austritt nach allen Seiten.

Daumengroß sitzt der Geist als Innenseele allezeit im Herzen der Menschen. Ihn soll man von seinem Körper loslösen (d. h. als wesensverschieden erkennen lernen) durch beharrliches Denken wie die Binse aus der Hülse. Ihn erkenne man als das Licht, als das Unsterbliche.

Und Naciketas, als er diese vom Tod verkündete Wissenschaft und die gesamte Anweisung für den Yoga empfangen hatte, fand das Brahman und wurde von den Schlacken und vom Tod befreit, und ebenso auch jeder andere, der die Überseele erkennt.

Thomas Nagel

# *Der Sinn des Lebens*

Vielleicht hatten Sie schon einmal den Gedanken, daß in Wirklichkeit alles egal ist, da wir in zweihundert Jahren alle tot sein werden. Eigentlich eine komische Idee, denn es ist nicht klar, warum aus dem Umstand, daß wir in zweihundert Jahren alle tot sein werden, folgen soll, daß nichts von dem, was wir jetzt tun, wirklich von Bedeutung ist.

Man denkt hier offenbar, daß wir uns in einer Art Tretmühle befinden, wenn wir uns für unsere Ziele abstrampeln und etwas aus unserem Leben machen, daß all dies jedoch nur dann sinnvoll ist, wenn unsere Errungenschaften von ewiger Dauer sind. Das wird jedoch nicht der Fall sein. Selbst wenn Sie ein großes literarisches Werk hervorbringen, das auch in tausend Jahren noch gelesen wird, irgendwann wird das Sonnensystem erkalten oder das Universum wird ausgehen oder zerplatzen, und jede Spur Ihrer Bemühungen wird verschwinden. Jedenfalls dürfen wir noch nicht einmal auf einen Bruchteil einer derartigen Unsterblichkeit hoffen. Wenn etwas von dem, was wir tun, überhaupt einen Sinn haben soll, dann haben wir ihn in unserem eigenen Leben zu suchen.

Warum gibt es hier überhaupt ein Problem? Wir können bezüglich der meisten Dinge, die wir tun, erklären, warum sie sinnvoll sind. Wir arbeiten, um Geld zu verdienen und uns und vielleicht unsere Familie zu ernähren. Wir essen, weil wir hungrig sind, schlafen, weil wir müde sind, gehen spazieren oder rufen einen Freund an, weil wir Lust dazu haben, lesen die Zeitung, um herauszufinden, was auf der Welt passiert. Würden wir nichts von alledem tun, so wären wir unglücklich; worin liegt also das Problem?

Es liegt darin, daß es zwar *innerhalb* des Lebens Rechtfertigungen und Erklärungen für die meisten unserer großen und kleinen Taten gibt, daß jedoch keine dieser Erklärungen den Sinn unseres *Lebens* als Ganzes angeben – des Ganzen, von dem diese Aktivitäten, diese Erfolge und Fehlschläge, Bemühungen und Enttäuschungen Teile sind. Wenn wir über die *ganze* Sache nachdenken, so scheint sie überhaupt keinen Sinn zu haben. Von außen betrachtet wäre es ganz egal, wenn es uns überhaupt nicht gegeben hätte. Und wenn es uns einmal nicht mehr gibt, so wird es egal sein, daß es uns gegeben hat.

Natürlich ist Ihre Existenz anderen – Ihren Eltern und anderen Leuten, denen Sie etwas bedeuten – nicht egal, doch als Ganzes betrachtet hat auch deren Leben keinen Sinn, so daß es egal ist, daß Sie ihnen nicht egal sind. Sie sind für sie nicht egal und sie nicht für Sie, und das gibt Ihrem Leben vielleicht ein Gefühl, sinnvoll zu sein, doch hier geht man sich sozusagen gegenseitig zur Hand. Wenn jemand existiert, so hat er gewisse Bedürfnisse und Anliegen, aufgrund derer ihm bestimmte Dinge und Personen in seinem Leben nicht egal sind. Doch die *gesamte Sache* hat keinen Sinn.

Ist es aber am Ende egal, daß sie egal ist? »Na und?«, könnten Sie sagen, »es reicht, daß es nicht bedeutungslos ist, wenn ich am Bahnsteig bin, bevor der Zug abfährt, oder wenn ich daran gedacht habe, die Katze zu füttern. Mehr brauchte ich nicht, um in Gang zu bleiben.« Eine völlig zutreffende Antwort, doch sie zieht nur, sofern es Ihnen gelingt, nicht darüber hinauszusehen und zu fragen, welchen Sinn das Ganze hat. Denn wenn Sie *das* tun, dann eröffnen Sie die Möglichkeit, daß auch Ihr Leben keinen Sinn hat.

Der Gedanke, daß wir in zweihundert Jahren tot sein werden, ist lediglich eine Möglichkeit, unser Leben so zu betrachten, daß es in einen größeren Kontext eingegliedert ist, und zwar so, daß der Sinn der kleinen Dinge in diesem Leben nicht mehr ausreicht – und eine größere Frage unbeantwortet läßt.

Was wäre jedoch, wenn unser Leben als Ganzes in Beziehung auf etwas Größeres einen Sinn hätte? Würde dies bedeuten, daß es schließlich doch nicht sinnlos wäre?

Es gibt verschiedene Möglichkeiten, wie unser Leben einen größeren Sinn haben könnte. Wir könnten Mitglied einer politischen oder sozialen Bewegung sein, die zum Wohle künftiger Generationen die Welt verbessert. Oder wir könnten lediglich unseren Kindern und ihren Nachkommen ein gutes Leben zu sichern versuchen. Oder wir suchen den Sinn unseres Lebens in einem religiösen Kontext, so daß unsere Zeit auf Erden bloß eine Vorbereitung auf eine Ewigkeit in direktem Kontakt mit Gott sein würde.

Was jenen Sinn anbelangt, der sich der Beziehung zu anderen verdankt (auch anderen Personen in einer entlegenen Zukunft), habe ich bereits darauf hingewiesen, worin das Problem besteht. Wenn jemandes Leben als Teil von etwas Größerem einen Sinn hat, so kann man immer wieder in Beziehung auf dieses Größere fragen, welchen Sinn *es* hat. Entweder es gibt eine Antwort, die auf etwas noch Größeres verweist, oder es gibt sie nicht. Gibt es sie, so stellt sich die Frage erneut. Gibt es sie nicht, so sind wir mit unserer Suche nach einem Sinn am Ende und bei etwas angelangt, das keinen Sinn mehr hat. Wenn eine solche Sinnlosigkeit jedoch bei jenem Größeren akzeptiert werden kann, von dem unser Leben einen Teil ausmacht, warum dann nicht bereits bei unserem Leben selbst, als ein Ganzes betrachtet? Warum darf unser Leben eigentlich nicht sinnlos sein? Falls das hier nicht bereits akzeptiert werden kann, warum kann es dann akzeptiert werden, wenn wir zum größeren Kontext aufsteigen? Warum müssen wir dann nicht weiterfragen: »Ja, und worin liegt nun der Sinn von *alledem?*« (der Geschichte der Menschheit, der Abfolge der Generationen, oder was auch immer es sei)?

Anders verhält es sich mit dem Hinweis auf einen religiösen

Sinn des Lebens. Wenn Sie glauben, daß der Sinn Ihres Lebens darin besteht, das Gebot Gottes, der Sie liebt, zu erfüllen und Ihm von Ewigkeit zu Ewigkeit ins Angesicht zu blicken, so scheint man nicht mehr weiterfragen zu können: »Und warum *das?*« Hier soll man es mit etwas zu tun haben, dessen Sinn und Zweck in ihm selbst liegt, und das keinen Zweck außer sich selbst haben kann. Doch aus eben diesem Grund hat es seine eigenen Probleme.

Die Idee Gottes ist offenbar die Idee von etwas, das alles andere erklären kann ohne selbst erklärbar sein zu müssen. Es ist jedoch nur sehr schwer zu sehen, wie es so etwas geben kann. Stellen wir die Frage, »Warum ist die Welt *so* beschaffen?«, und erhalten eine religiöse Antwort, was kann uns dann hindern, erneut zu fragen: »Und warum ist *das* so?« Welche Antwort könnte unsere *Warum?-Fragen* ein für allemal zum Schweigen bringen? Und wenn sie hier zu einem Halt kommen, warum konnten sie nicht bereits vorher enden?

Das gleiche Problem stellt sich offenbar, wenn man Gott und Seine Zwecke als die endgültige Erklärung des Wertes und Sinnes unseres Lebens anführt. Die Idee, daß unser Leben Gottes Plan erfüllt, soll ihm seinen Zweck geben – auf eine Weise, die keinen weiteren Zweck mehr erfordert oder zuläßt. Man soll ebensowenig weiterfragen, »Worin besteht der Zweck Gottes?«, als man fragen soll, »Worin liegt die Erklärung Gottes?«

Hierbei habe ich jedoch ebenso wie bei der Rolle des Gottes als endgültigem Erklärungsgrund das Problem, nicht sicher zu sein, ob ich den Gedanken verstehe. Kann es wirklich etwas geben, das allem anderen dadurch einen Sinn verleiht, daß es es umfaßt, das aber seinerseits einen Zweck weder haben kann noch haben muß? Etwas, dessen Zweck nicht von außen erfragt werden kann, weil es hier kein Außen gibt?

Wenn der Gott unserem Leben einen Sinn geben soll, den wir nicht verstehen können, so ist das ein schwacher Trost. Der

Gott als letzte Rechtfertigung ist womöglich wie der Gott als endgültige Erklärung eine unverständliche Antwort auf eine Frage, die wir nicht loswerden können. Andererseits ist vielleicht gerade so etwas gemeint, und ich verstehe religiöse Gedanken einfach nicht. Vielleicht ist der Glaube an den Gott die Überzeugung, das Universum sei verstehbar – jedoch nicht für uns.

Lassen wir dieses Problem beiseite und kehren wir zur kleineren Dimension des menschlichen Lebens zurück. Vielleicht braucht es uns gar nicht zu beunruhigen, falls das Leben als Ganzes sinnlos ist. Vielleicht können wir dies anerkennen und weitermachen wie bisher. Wir müssen nur lernen, immer geradeaus zu schauen und Rechtfertigungen jederzeit *innerhalb* unseres Lebens und innerhalb des Lebens anderer, mit denen wir in Verbindung stehen, enden zu lassen. Sobald wir uns die Frage vorlegen, »Doch wofür leben wir überhaupt?« – das bestimmte Leben eines Studenten, eines Kellners oder was auch immer –, antworten wir: »Um keines Zweckes willen; es wäre egal, wenn ich überhaupt nicht existieren oder wenn nichts mir etwas bedeuten würde. Aber ich existiere. Das ist alles.«

Einige Leute finden diese Einstellung völlig befriedigend. Andere finden sie deprimierend, doch unvermeidbar. Zum Teil liegt das Problem in unserer unheilbaren Neigung, uns ernst zu nehmen. Wir wollen uns selbst »von *außen* betrachtet« etwas bedeuten. Ein Teil von uns ist unzufrieden, wenn uns unser Leben als Ganzes als zwecklos erscheint – der Teil, der uns immer über die Schulter schaut und zusieht, was wir tun. Viele menschliche Anstrengungen, insbesondere solche im Dienste ernster Ambitionen und nicht bloß im Dienste von Bequemlichkeit und Überlebenstrieb, verdanken ihren Nachdruck einem Gefühl der Bedeutsamkeit – einem Gefühl, daß das, was wir tun, nicht nur für uns von Bedeutung ist, sondern bedeutsam in einem größeren Sinne: eben *bedeutsam.* Sollten wir dies aufgeben müssen, so hätten wir am Ende vielleicht allen Wind aus den Segeln verloren. Wenn das Leben egal ist, wenn das Leben nicht ernst und das Grab sein Ende ist, dann ist es vielleicht lächerlich, daß wir uns so wichtig nehmen. Wenn wir auf der anderen Seite nicht anders können, als uns so wichtig zu nehmen, dann müssen wir uns womöglich am Ende damit abfinden, lächerlich zu sein. Das Leben ist dann vielleicht nicht allein sinnlos, sondern *absurd.*

Friedrich Nietzsche

## *Der Komödiant der Welt*

Der *Mensch, der Komödiant der Welt.* – Es müsste geistigere Geschöpfe geben, als die Menschen sind, bloß um den Humor ganz auszukosten, der darin liegt, daß der Mensch sich für den Zweck des ganzen Weltendaseins ansieht, und die Menschheit sich ernstlich nur mit Aussicht auf eine Welt-Mission zufrieden gibt. Hat ein Gott die Welt geschaffen, so schuf er den Menschen zum *Affen Gottes,* als fortwährenden Anlaß zur Erheiterung in seinen allzulangen Ewigkeiten. Die Sphärenmusik um die Erde herum wäre dann wohl das Spottgelächter aller übrigen Geschöpfe um den Menschen herum. Mit dem *Schmerz* kitzelt jener gelangweilte Unsterbliche sein Lieblingstier, um an den tragisch-stolzen Gebärden und Auslegungen seiner Leiden, überhaupt an der geistigen Erfindsamkeit des eitelsten Geschöpfes seine Freude zu haben – als Erfinder dieses Erfinders. Denn wer den Menschen zum Spaße ersann, hatte mehr Geist, als dieser, und auch mehr Freude am Geist. – Selbst hier noch, wo sich unser Menschentum einmal freiwillig demütigen will, spielt uns die Eitelkeit einen Streich, indem wir Menschen wenigstens in *dieser* Eitelkeit etwas ganz Unvergleichliches und Wunderhaftes sein möchten. Unsere Einzigkeit in der Welt! ach, es ist eine gar zu unwahrscheinliche Sache! Die Astronomen, denen mitunter wirklich ein erdentrückter Gesichtskreis zu Teil wird, geben zu verstehen, daß der Tropfen *Leben* in der Welt für den gesamten Charakter des ungeheuren Ozeans von Werden und Vergehen ohne Bedeutung ist; daß ungezählte Gestirne ähnliche Bedingungen zur Erzeugung des Lebens haben wie die Erde, sehr viele also, – freilich kaum eine Handvoll im Vergleich zu den unendlich vielen, welche den lebenden Ausschlag nie gehabt haben oder von ihm längst genesen sind; daß das Leben auf jedem dieser Gestirne, gemessen an der Zeitdauer seiner Existenz, ein Augenblick, ein Aufflackern gewesen ist, mit langen, langen Zeiträumen hinterdrein, – also keineswegs das Ziel und die letzte Absicht ihrer Existenz. Vielleicht bildet sich die Ameise im Walde ebenso stark ein, daß sie Ziel und Absicht der Existenz des Waldes ist, wie wir dies tun, wenn wir an den Untergang der Menschheit in unserer Phantasie fast unwillkürlich den Erduntergang anknüpfen: ja wir sind noch bescheiden, wenn wir dabei stehen bleiben und zur Leichenfeier des letzten Menschen nicht eine allgemeine Welt- und Götterdämmerung veranstalten. Der unbefangenste Astronom selber kann die Erde ohne Leben kaum anders empfinden, als wie den leuchtenden und schwebenden Grabhügel der Menschheit.

Platon

# *Das Sonnengleichnis*

SOKRATES: Eine jede Seele also strebt dem Guten nach und läßt um seinetwillen nichts ungetan in der Ahnung, daß ihm doch ein Sein zukomme, dabei aber doch schwankend und unvermögend, es in seiner wahren Bedeutung befriedigend zu erfassen und zu einer festen Überzeugung darüber zu gelangen wie bei anderen Dingen, was denn auch der Grund ist, daß sie auch das übrige verfehlt, wo etwa ein Nutzen zu erwarten stand – und über eine so wichtige und so umfassende Sache sollen auch jene Besten im Staat so im dunkeln tappen, sie, denen wir die gesamte Leitung in die Hände legen wollen?

ADEIMANTOS: Nun und nimmermehr.

SOKRATES: Ich glaube also, daß das Gerechte und Schöne, wie es sich ohne die Kenntnis davon, inwiefern es denn eigentlich gut ist, im einzelnen darstellt, keinen vertrauenswerten Hüter über sich hat an einem, der hierüber in Unkenntnis ist, und ich möchte vermuten, daß ohne diese Kenntnis niemand auch mit diesen Einzeldingen richtig Bescheid wissen werde.

ADEIMANTOS: Eine richtige Vermutung.

SOKRATES: Unsere Verfassung wird also doch dann ihre abschließende Ordnung und Gestaltung erhalten haben, wenn ein Wächter dieser Art die Aufsicht über sie führt, ein solcher nämlich, der die volle Kenntnis dieser Dinge besitzt?

ADEIMANTOS: Notwendig. Aber du selbst, mein Sokrates, wofür erklärst du denn das Gute? Für Einsicht oder für Lust oder für etwas anderes, von diesen Abweichendes?

SOKRATES: Da habt ihr nun den Mann, ganz wie er ist. Ein Glück nur, daß ich dir schon längst angemerkt habe, daß du dich nicht mit dem zufriedengeben würdest, was die anderen darüber meinen.

Adeimantos: Es scheint mir auch nicht in der Ordnung, mein Sokrates, sich nur darauf zu verstehen, fremde Ansichten darüber vorzutragen, seine eigenen aber nicht, wenn man so lange schon mit der Sache beschäftigt ist.

Sokrates: Wie? Scheint es dir denn in der Ordnung, wie ein Wissender über Dinge zu reden, über die man nichts weiß?

Adeimantos: Wie ein Wissender – das ganz und gar nicht, wohl aber soll man bereit sein, als Meinung das vorzutragen, was man eben meint.

Sokrates: Wie? Bist du denn nicht gewahr geworden, daß die sicherer Erkenntnis entbehrenden Meinungen sämtlich vom Übel sind? Ja, daß auch die besten von ihnen blind sind? Oder meinst du, es unterschieden sich diejenigen, die ohne wirkliche Einsicht mit ihrer Meinung die Wahrheit treffen, von Blinden, die ihren Weg richtig treffen?

Adeimantos: Nein.

Sokrates: Willst du deine Aufmerksamkeit nur auf Übles richten, auf Blindes und Entstelltes, während du von anderen Klares und Schönes hören kannst?

Glaukon: Beim Zeus, mein Sokrates, du willst doch nicht etwa, als wärest du schon am Ziele, jetzt zurücktreten? Um keinen Preis. Denn wir wollen zufrieden sein, wenn du uns deine Gedanken über das Gute auch nur so in vorläufiger Form entwickelst, wie du es mit der Gerechtigkeit, Besonnenheit und den übrigen Tugenden getan hast.

Sokrates: Ja, und ich, lieber Freund, werde erst recht damit zufrieden sein; doch ich fürchte, ich werde der Sache nicht gewachsen sein und, wenn ich mich bereit finden lasse, durch mein verlegenes Auftreten mich lächerlich machen. Aber, ihr Trefflichen, das eigentliche Wesen des Guten wollen wir jetzt auf sich beruhen lassen; denn für unseren derzeitigen Anlauf ist es, glaube ich, schon zuviel gefordert, jetzt auch nur das zu erreichen, was ich so vorläufig über die Sache meine. Aber einen Sprößling des Guten, als welcher er mir erscheint, und ein volles Ebenbild desselben, das will ich euch durch meine Rede vorführen, wenn es euch erwünscht ist; sonst nicht.

GLAUKON: Nun, rede nur. Ein andermal kannst du uns dann die Ausführung über den Vater erstatten.

SOKRATES: Wohl wünschte ich, ich könnte sie euch wie eine Schuld auszahlen und ihr könntet sie in Empfang nehmen und nicht, wie jetzt, bloß die Zinsen. Diesen Zins also und diesen Sprößling des wahren Guten nehmt jetzt in Empfang. Doch gebt scharf acht, daß ich euch nicht etwa wider meinen Willen hintergehe, indem ich eine falsche Rechnung über den Zins erstatte.

GLAUKON: Wir werden nach Kräften achthaben. Aber sprich nur.

SOKRATES: Ja. Aber erst muß ich mich noch eures Einverständnisses versichert haben in bezug auf gewisse Sätze, die, im vorigen bereits berührt und auch sonst schon oft vorgetragen, auch jetzt von mir in Erinnerung gebracht werden sollen.

GLAUKON: Welche?

SOKRATES: Wir behaupten, daß es eine Vielheit von schönen Dingen und von guten Dingen und so von jeder Art von Dingen gibt, wie wir sie dann auch in der Rede unterscheiden.

GLAUKON: Ja.

SOKRATES: Und auch, daß es ein Schönes an sich und ein Gutes an sich gebe, und so bei allem, was wir eben als Vielheit setzten; und indem wir nun umgekehrt das viele Einzelne einer Idee als der Einheit für jede Klasse des Vielen unterordnen, benennen wir es nach seinem wirklichen Wesen als dem, was an sich ist.

GLAUKON: So ist es.

SOKRATES: Und von den ersteren sagen wir, daß sie gesehen, aber nicht gedacht werden, von den Ideen aber, daß sie gedacht, aber nicht gesehen werden.

GLAUKON: Gewiß.

SOKRATES: Womit an uns sehen wir nun das Gesehene?

GLAUKON: Mit dem Gesicht.

SOKRATES: Und mit dem Gehör nicht auch das Gehörte und mit den übrigen Sinnen alles sinnlich Wahrnehmbare?

GLAUKON: Ohne Zweifel.

SOKRATES: Hast du nun auch beachtet, wie der Bildner der Sinne das Vermögen des Sehens und Gesehenwerdens mit einem Vorzug ausgestattet hat, der es über alle anderen weit erhebt?

GLAUKON: Das nicht.

SOKRATES: Nun, so betrachte es so: bedarf etwa Gehör und Ton eines weiteren Mittels dazu, daß das erstere höre, der letztere gehört werde, so daß beim Ausbleiben dieses dritten das erste nicht hören, der letztere nicht gehört werden kann?

GLAUKON: Nein.

SOKRATES: Ich glaube aber auch, andere viele Vermögen haben etwas Derartiges nicht nötig, ja man darf wohl sagen, kein einziges. Oder kannst du eines nennen?

GLAUKON: Ich gewiß nicht.

SOKRATES: Das Gesicht dagegen und das Gesehene bedürfen doch so etwas. Ist dir das nicht klar?

GLAUKON: Wieso?

SOKRATES: Mögen auch die Augen mit Sehvermögen ausgestattet sein und der Besitzer versuchen davon, Gebrauch zu machen, und mag anderseits auch an den Gegenständen selbst Farbe haften, so wird doch, wenn nicht ein Mittel als ein Drittes eigens dafür von der Natur geschaffen, mitwirkt, offenbar das Gesicht nichts sehen, und die Farben werden unsichtbar sein.

GLAUKON: Und welches ist dieses?

SOKRATES: Nun, das, was du Licht nennst.

GLAUKON: Richtig.

SOKRATES: Dinge also, die schon für sich genommen nicht unbedeutend sind, nämlich der Gesichtssinn und das Vermögen, gesehen zu werden, sind demnach überdies noch durch ein kostbareres Band verbunden, als es bei anderen Zusammenpaarungen der Fall ist, wenn anders das Licht nichts Verächtliches ist.

GLAUKON: Weit gefehlt, daß es das wäre.

SOKRATES: Welchen nun von den Sternengöttern kannst du als den Urheber davon bezeichnen, also als den, dessen Licht unserem Gesicht dazu verhilft, auf das schönste zu sehen, und dem Gesehenen dazu, gesehen zu werden?

GLAUKON: Den auch du dafür hältst und sonst auch alle Welt; denn offenbar ist es die Sonne, wonach du frägst.

SOKRATES: Verhält sich nun das Gesicht zu diesem Gott naturgemäß folgendermaßen?

GLAUKON: Wie?

SOKRATES: Das Gesicht ist nicht die Sonne, weder es selbst noch dasjenige, dem es innewohnt, von uns Auge genannt.

GLAUKON: Das allerdings nicht.

SOKRATES: Aber das sonnenartigste, denke ich, ist es doch gewiß von allen Organen der sinnlichen Wahrnehmung.

GLAUKON: Weitaus.

SOKRATES: Hat es nun nicht auch seine Kraft von dieser gespendet erhalten wie etwas, das von ihr ihm zufließt?

GLAUKON: Sicherlich.

SOKRATES: Steht es nun mit der Sonne nicht auch so? Sie ist nicht Gesicht, aber Ursache davon und wird als solche von ihm gesehen.

GLAUKON: Ja.

SOKRATES: Sie also meine ich – das kannst du nun als meine Ansicht verkünden – mit jenem Sprößling des Guten, den das Gute selbst als sein Ebenbild erzeugt: was es selbst im Bereiche des Denkbaren ist im Verhältnis zur Vernunft und zum Gedachten, das ist die Sonne im Bereiche des Sichtbaren im Verhältnis zu dem Gesicht und zu dem Gesehenen.

GLAUKON: Wie? Laß dich weiter darüber vernehmen.

SOKRATES: Du weißt doch: wenn man die Augen nicht mehr auf solche Dinge richtet, auf deren Farben das Tageslicht fällt, sondern auf solche, über die sich nächtliche Dämmerung breitet, so werden sie blöde und scheinen beinahe blind, als ob keine eigentliche Sehkraft mehr in ihnen wäre.

GLAUKON: Gewiß.

SOKRATES: Wenn aber auf solche, die von der Sonne beleuchtet werden, dann, denke ich, sehen sie deutlich, und diesen nämlichen Augen wohnt jetzt offenbar Sehkraft inne.

GLAUKON: Ohne Zweifel.

SOKRATES: So denke dir denn auch das Verhältnis der Seele folgendermaßen: wenn sie fest gerichtet ist auf das, worauf das Licht der Wahrheit und des Seienden fällt, dann erfaßt und erkennt sie es und scheint im Besitze der Vernunft zu sein; wenn aber auf das mit Finsternis Gemischte, das Entstehende und Vergehende, dann fällt sie dem bloßen Meinen anheim, wird stumpfsichtig, wirft die Meinungen herüber und hinüber und macht nunmehr den Eindruck, als sei sie aller Vernunft bar.

GLAUKON: Ja, so ist es.

SOKRATES: Das also, was den Dingen, welche erkannt werden, Wahrheit verleiht und dem Erkennenden die Kraft zum Erkennen gibt, ist – das sei jetzt dein Spruch – die Idee des Guten, und diese mußt du dir jetzt als die Ursache der Erkenntnis und Wahrheit vorstellen, soweit die letztere erkannt wird: aber so schön sie auch beide sein mögen, Erkenntnis und Wahrheit, so wirst du doch das Richtige treffen mit der Annahme, daß sie selbst etwas noch Schöneres ist als diese; wie es aber im vorigen in bezug auf Licht und Gesicht richtig war, sie wohl für sonnenartig zu erklären, für falsch dagegen, sie für die Sonne selbst zu halten, so steht es auch hier mit Erkenntnis und

Wahrheit: sie beide für verwandt mit dem Guten zu halten ist recht, sie aber, sei es nun die eine oder die andere, für das Gute selbst zu halten, ist nicht recht, vielmehr steht das Gute selbst seinem ganzen Verhältnis nach auf einer noch höheren Stufe.

GLAUKON: Eine gar nicht auszudenkende Schönheit offenbarst du, wenn sie Erkenntnis und Wahrheit schafft, selbst aber noch über diese an Schönheit emporragt; denn daß du etwa die Lust damit meinen könntest, ist doch bei dir ganz ausgeschlossen.

SOKRATES: Lästere nicht; betrachte vielmehr das Abbild des Guten noch von folgender Seite.

GLAUKON: Von welcher?

SOKRATES: Du wirst, denke ich, sagen, die Sonne verleihe dem, was gesehen wird, nicht nur das Vermögen, gesehen zu werden, sondern auch Werden, Wachstum und Nahrung, ohne doch selbst ein Werden zu sein.

GLAUKON: Wie könnte sie das auch sein?

SOKRATES: Also mußt du auch sagen, daß dem Erkennbaren nicht nur das Erkanntwerden von dem Guten zuteil werde, sondern daß es sein Sein und Wesen von ihm habe, so daß das Gute nicht das Sein ist, sondern an Würde und Kraft noch über das Sein hinausragt.

GLAUKON (mit einem starken Stich ins Komische): Beim Apollon, ein wahres Wunder von Hinausragen!

SOKRATES: Du selbst trägst doch die Schuld daran; denn du zwangst mich, meine Ansicht darüber mitzuteilen.

GLAUKON: Und du darfst davon auch nicht ablassen; sondern mußt unter allen Umständen wenigstens das Gleichnis von der Sonne noch weiter erläutern, wenn du noch irgend etwas darüber auf dem Herzen hast.

SOKRATES: Nun, nach meinem Überschlag sogar recht viel. Gleichwohl werde ich von dem, was mir im Augenblick zur Verfügung steht, mit Willen euch nichts vorenthalten.

GLAUKON: Ja nicht.

Annemarie Pieper

# *Gut und Böse in der Alltagssprache*

Es fällt auf, daß wir in unseren alltagssprachlichen Urteilen über Menschen und Handlungen das Wort *böse* selten verwenden. Stattdessen sagen wir lieber, X habe *falsch* gehandelt, oder schreiben Z einen *schlechten* Charakter zu. Damit wird die negative Aussage abgeschwächt, denn eine falsche Handlung kann die Folge eines Irrtums, ein schlechter Charakter besserungsfähig sein. Die Bezeichnung einer Handlung oder eines Menschen als böse hingegen hat etwas Endgültiges, weil damit zum Ausdruck gebracht wird, daß der Täter wissentlich und willentlich so gehandelt hat, wie er gehandelt hat, und man ihm daher unterstellen muß, er habe das Nichtgute als solches gewollt. Diese Unterstellung scheint jedoch so extrem zu sein, daß wir uns scheuen, ein so hartes Urteil über jemanden zu fällen, und nach Ereignissen in der Biographie des Betreffenden oder unglücklichen Umständen Ausschau halten, die sein Verhalten, so schlimm es auch sein mag, wenn nicht entschuldigen, so doch verstehbar machen.

Hinsichtlich der Verwendung des Wortes *gut* haben wir weniger Skrupel. Ganz im Gegenteil kann man ihm einen fast inflationären Gebrauch bescheinigen, insofern es das Wertwort schlechthin ist, das eine positive Eigenschaft von Menschen, Handlungen und Gegenständen ausdrückt – auch dann, wenn der als gut bezeichnete Mensch, die Handlung, der Gegenstand an sich selber negativ bestimmt ist: Ein guter Dieb zeichnet sich innerhalb der Zunft der Diebe aufgrund seiner Fingerfertigkeit und Geschicklichkeit in der Aneignung fremden Eigentums vor den anderen aus. Eine gute Lüge ist dadurch qualifiziert, daß sie andere erfolgreich zu täuschen vermag. Ein gutes Mordinstrument ist daran kenntlich, daß es für die Tötung von Menschen bestens geeignet ist.

Diese Beispiele zeigen, daß wir das Wort *gut* sowohl beschreibend als auch wertend verwenden, je nachdem, ob wir es in einem Urteil dem Subjekt des Satzes als Prädikat zusprechen, weil es den Gütestandards entspricht, die für die Klasse von Dingen, zu denen es gehört, festgelegt wurden – unabhängig davon, welchen Wert wir dieser Klasse von Dingen an sich selber beimessen –, oder ob wir das Subjekt des Satzes an sich selber als gut qualifizieren, weil es zu einer Klasse von Dingen gehört, denen wir einen Wert beimessen – unabhängig davon, ob dieser Wert im Einzelfall realisiert wird oder nicht. Gute Diebe, Lügen und Mordwerkzeuge betrachten wir nicht als wertvoll, wie perfekt auch immer sie den für sie festgesetzten Gütestandards entsprechen mögen. Ärzte, Hilfeleistungen und Nahrungsmittel hingegen zählen wir zu den wertvollen Dingen, die wir als gut erachten, selbst wenn ein Arzt eine Fehldiagnose stellt, eine Hilfeleistung scheitert, ein bestimmtes Nahrungsmittel eine Allergie auslöst.

Gleichsam quer zu der Unterscheidung zwischen beschreibender und wertender Verwendung des Wortes *gut* steht die Unterscheidung zwischen *gut an sich selbst* und *gut als Mittel* zu etwas anderem. Eine Tätigkeit, die um ihrer selbst willen ausgeübt wird, ist für den Betreffenden ein Selbstzweck und daher in sich gut: musizieren, spazierengehen, sinnliche Genüsse, Rätsel lösen, andere beglücken, wissenschaftliche Forschung. Im instrumentellen Sinn ist etwas für sich betrachtet Wertneutrales gut, wenn es dazu dient, etwas in sich Gutes zu bewirken oder zu verwirklichen. So ist Fingerhut für sich betrachtet nichts Gutes; doch als Medikament dient er zur Wiederherstellung der Gesundheit, die ein Gut an sich ist. Auch die Aneignung von Wörtern einer »toten« Sprache ist für sich selber betrachtet nichts Gutes, sehr wohl aber die dadurch erworbene Fähigkeit, Texte alter Kulturen zu verstehen und zu interpretieren. Gleichwohl ist nicht alles, was um seiner selbst willen getan wird, *schlechthin gut*, ebensowenig wie das instrumentell Gute durch die Erreichung des Zwecks einen Wert erlangt. Wer aus Freude am Betrug seine Mitmenschen um des Betrügens willen betrügt, faßt zwar den Betrug als Wert an sich auf, kann ihn aber nicht als schlechthin gut ausgeben, weil seine Freude dann rasch ein Ende fände, denn erfolgreich betrügen kann man nur, wenn die meisten Betrug als Unwert deklarieren. In einer Gesellschaft von betrogenen Betrügern zu betrügen macht keinen Spaß mehr. Und daß ein Mittel nur so gut ist wie sein Zweck, ist eine Binsenweisheit. Arsen ist gut zum Heilen und zum Töten; mit einem Küchenmesser kann man Kartoffeln schälen und Menschen verletzen.

Der Zweck heiligt die Mittel – so wird im Volksmund oft behauptet. Aber erlaubt ein noch so guter Zweck, daß man ihn mit unlauteren Strategien zu erreichen trachtet, wenn andere Mittel versagen? Ist für einen guten Zweck jedes Mittel recht, auch das böse? Wird nicht letztlich der Zweck korrumpiert, wenn er nur mit List und Tücke, möglicherweise gar gewaltsam durchgesetzt werden kann? Wie prekär die Abwägung im Konfliktfall sein kann, zeigt Albert Camus in seinem Drama *Die Gerechten.* Eine Gruppe russischer Revolutionäre hat beschlossen, den mit totalitärer Gewalt herrschenden Großfürsten zu töten, um gerechte Zustände herbeizuführen. Sie wollen töten, um eine Welt zu schaffen, in der niemand mehr töten wird. Der erste Anschlag kommt nicht zustande, weil der Attentäter in dem Augenblick, als er die Bombe werfen will, sieht, daß sich der Großfürst in Begleitung von zwei Kindern befindet. Beim zweiten Mal ist er erfolgreich, wird gefaßt und zum Tode verurteilt. Er akzeptiert das Todesurteil, um zu signalisieren, daß nicht einmal im Extremfall, wenn Freiheit und Gerechtigkeit eines Volkes auf dem Spiel stehen, der Zweck die Mittel rechtfertigt, geschweige denn *heiligt.* Der Einsatz böser Mittel um des Guten willen ist nur ausnahmsweise, als *ultima ratio* zulässig: unter der Bedingung, daß der so Handelnde seine Tat nicht durch Bezugnahme auf den Zweck aufwertet und als etwas Gutes hinstellt – eine Tötung bleibt auch in Notwehrsituationen eine schlechterdings negative Handlung, da sie einen Menschen, wie verwerflich er auch sein mag, das Leben kostet –, sondern darauf beharrt, daß sie zur Klasse der unbedingt zu unterlassenden Handlungen gehört, und bereit ist, die Konsequenzen für sein Tun zu tragen.

Daß umgekehrt auch die Mittel den Zweck nicht heiligen, liegt auf der Hand, obwohl der Nachweis, daß jemand mit guten Handlungen einen bösen Zweck verfolgt, in der Regel schwer zu führen ist. Seine bösen Absichten hinter guten Taten zu verstecken, setzt schon ein beträchtliches schauspielerisches Talent voraus. Aber die Verstellungskunst beherrschen wir alle bis zu einem gewissen Grad, denn wer möchte schon gern als der Egoist entlarvt werden, der er eigentlich ist. Es schadet dem Image, wenn sich herausstellt, daß man nur an sich selbst interessiert ist; daher gilt es, dies so gut wie möglich zu kaschieren, indem man unter dem Anschein der Uneigennützigkeit kollektive Interessen zum Vorwand nimmt, um desto besser auf das Eigenwohl hinzuarbeiten. So mancher großzügige Mäzen oder freigebige Sponsor hat es erfolgreich verstanden, durch Unterstützung kultureller Anliegen davon abzulenken, daß sein letztes und höchstes Ziel die Mehrung seines Reichtums oder die Profitsteigerung seiner Firma ist. Was diese an sich ja keineswegs als böse einzustufende Absicht bedenklich macht, ist die Scheinheiligkeit, mit welcher vom Management in der Industrie manchmal die Kosten z. B. einer rationellen Betriebsführung (Umweltverschmutzung, Verlust von Arbeitsplätzen etc.) verharmlost und auf die Bevölkerung abgeschoben werden, die staunend immense Gewinnsteigerungen vermerkt und gleichzeitig zur Kenntnis nehmen muß, daß diese steuerlich kaum zu Buche schlagen. Ein einleuchtendes Beispiel für die

Verfolgung böser Absichten mit guten Mitteln findet sich bei Aristoteles, der meint, ein Tyrann, der seine Begierde nach unermeßlicher Macht möglichst lange befriedigen möchte, wäre am besten beraten, wenn er sie unter dem Deckmantel eines guten, um das Wohl seiner Untertanen überaus besorgten Herrschers verfolgen würde (vgl. *Politik:* V, 10–11). Während Mephisto als Repräsentant jener Kraft, die stets das Böse will und stets das Gute schafft, die erfolglose Umsetzung seiner bösen Absichten, die paradoxerweise ihr absolutes Gegenteil bewirken, als unfreiwillig beklagt, will der Aristotelische Tyrann ausdrücklich das Gute, das er als Mittel für seine sich ins Immense steigernden Machtgelüste bewußt einsetzt. Je mehr Gutes, desto größer sein boshafter Selbstgenuß, der nur einer einzigen Beschränkung unterliegt: Er darf als solcher nicht offenbar werden.

Gut und Böse gehören in einem engeren Sinn zum Sprachspiel der Moral. Ein guter Mensch ist ein solcher, der sich in seinen praktischen Überlegungen und Handlungen von moralischen Wertvorstellungen leiten läßt, denen in unserer Kultur traditionell ein hoher Stellenwert zukommt: Freiheit, Selbstbestimmung, Gerechtigkeit, Menschenwürde, psychische und physische Integrität sind Grundwerte eines demokratischen Selbstverständnisses, die als unverletzlich gelten und das moralische wie rechtliche Fundament menschlicher Gemeinschaft bilden. Eine Menschenhorde, die das Recht des Stärkeren praktiziert und damit das Gewaltprinzip favorisiert, ist untermenschlich und weniger als ein Tierrudel, das aufgrund seiner Instinktgebundenheit die Gesetze seiner Natur nicht zu überschreiten vermag, wohingegen der Mensch imstande ist, sich über das Diktat seiner Vernunft hinwegzusetzen, um seine Ziele mit schierem Terror gegen das Kollektiv durchzusetzen. Gut und Böse stecken in ihrer moralischen Bedeutung den Horizont ab, vor dem eine Interaktionsgemeinschaft ihr Selbstverständnis als ein humanes zur Geltung bringt, indem sie die Rechte und Pflichten gleichberechtigter Individuen in Form von Normen artikuliert, deren handlungsregulierende Kraft auf ein theologisch oder ethisch verbürgtes Sittengesetz zurückgeführt wird. Verstöße gegen diese Normen werden mit moralischen und rechtlichen Sanktionen belegt, die von Mißbilligung und Tadel bis hin zu Geldbußen und Freiheitsentzug reichen.

Im Unterschied zu *gut* und *böse* als Prädikaten, die eine Charaktereigenschaft oder eine Handlungsqualität bezeichnen, verweisen die Ausdrücke *das Gute* oder *etwas Gutes* (bzw. *das Böse/etwas Böses*) in ihrer alltagssprachlichen Verwendung auf Vorstellungen umfassender Wert- und Sinnhaftigkeit (bzw. deren Perversion), wobei die inhaltliche Konkretisierung dieser Vorstellungen individuell verschieden ist. Das Gute als Inbegriff alles Wünschenswerten figuriert auf einer Skala, die von einem Leben in Saus und Braus bis hin zu einer friedlich verkehrenden Weltgesellschaft eine große Anzahl von Lebensformen verzeichnet, die als begehrenswert erscheinen. Mit *etwas Gutes* ist dann eine Teilmenge dieses gesamthaft Guten gemeint: Ansehen, Ruhm, Reichtum, Tüchtigkeit, Klugheit, Mitleid, Toleranz, Solidarität, Multikulturalität. Die bunte Vielfalt der Vorstellungen vom Guten ist das Spiegelbild pluralistischer Interessen, deren kleinster gemeinsamer Nenner der Wert der Freiheit ist. Dieser Grundwert gestattet es jedem Individuum, nach seiner Façon selig zu werden, vorausgesetzt, es verletzt dabei nicht die Freiheitsrechte anderer und ist grundsätzlich bereit, in Interessenskonflikten für deren einvernehmliche Lösung Sorge zu tragen.

Diese Voraussetzung wird durch *das Böse* sabotiert. Das Böse ist mehr als *das Gute, das man läßt* (Wilhelm Busch), denn die Unterlassung des Guten kann aus Schwäche oder Bequemlichkeit erfolgen, doch zum Bösen gehört, daß ausdrücklich und mit Nachdruck das Widergute an die Stelle des Guten gesetzt wird, das Gute also nicht nur verhindert, sondern in sein kontradiktorisches Gegenteil verkehrt wird. Dies geschieht, wenn der Grundwert der Freiheit für alle durch den der Unfreiheit für die meisten ersetzt wird. In der Folge dokumentieren sämtliche Formen von Unterdrückung, Grausamkeit, Verbrechen gegen die Menschlichkeit *etwas Böses.* Dieses Böse wird im allgemeinen personifiziert vorgestellt; *der Böse* in Gestalt des bösen Mannes, vor dessen Annäherung man Kinder warnt, oder des Mafioso, der durch unkontrollierbare Machenschaften im Rahmen organisierter Kriminalität die Grundlagen des Rechtsstaats untergräbt. Eher als Karikatur figuriert die böse Schwiegermutter, deren seelische Grausamkeit für das Scheitern von Ehen verantwortlich gemacht wird.

Mancher Erwachsene hat das einfache Schema, mittels welchem er in seiner Kinderwelt die Guten von den Bösen schied, in einem Schwarz-Weiß-Denken handfester Vorurteile habitualisiert, dessen Undifferenziertheit und Starrheit den unzähligen Nuancen des Guten und Bösen nicht gerecht wird. Kontrastierende Figuren bevölkern die Märchen, die Literatur und die Filme: die gute Fee – die böse Hexe; der *law and order* vertretende Sheriff – der brutale Gangster; der reine Tor – der Intrigant. Die Einteilung in Helden und Bösewichte suggeriert, daß es nur diese beiden Sorten von Menschen gibt und nichts dazwischen. Darüber wird vergessen, daß *der/die Gute* in der Wirklichkeit eine ebensolche Ausnahme darstellt wie *der/die Böse.* Der »Normalmensch« ist jederzeit durch das Böse anfechtbar und muß sich das Gute immer wieder neu erkämpfen. Er ist ständig in Gefahr, sich zu verfehlen, aber er hat auch jederzeit die Möglichkeit, sein Streben anders auszurichten und seinen Hang zum Bösen zu überwinden. Ob die Bosheit den Menschen angeboren ist, was erklären würde, warum es manchmal so schwerfällt, das Gute zu tun, oder ob sie durch schlechte Umstände begünstigt wird, ist, wie sich zeigen wird, ebensowenig eindeutig entscheidbar wie die Frage, ob es Anlagen zum Guten gibt, die mangels Förderung oder aufgrund schlechter Vorbilder unentwickelt bleiben. In jedem Fall empfiehlt es sich, zu seiner eigenen Sicherheit nicht auf eine gewisse Naivität oder Leichtgläubigkeit zu setzen, sondern lieber genau darauf zu achten, wo man sich niederläßt: Auch böse Menschen haben ihre Lieder.

Chet Raymo

## *Die Gärten*

Der Pfad führt von der Auwiese hoch zu dem einstigen Obstgarten, wo Baumschwalben die Brutkästen von Rotkehlhüttensängern besiedeln. Die Brutkästen sind zwar nicht für Schwalben gedacht ... Aber sind das nicht wunderschöne Vögel? Ein blau-grün schimmernder Rücken, ein weißer Bauch. Sie jagen im Zickzack über die Morgenwiese, schneller, als das Auge folgen kann. Ich beobachte begeistert ihre »Flugschau«-Akrobatik, bewundere ihr »tollkühnes« Herabstoßen – bis ich sehe, wie sie die Hüttensänger drangsalieren. Ich werde ein wenig wütend. Die Schwalben sind »aufdringlich«, schimpfe ich. Sie schnellen »hinterlistig« hervor. Sie schwingen sich in die Lüfte wie »vorwitzige Halbstarke, die nach Ärger suchen«. Meine Sympathien liegen eindeutig bei den »zivileren« Hüttensängern.

Woher dieser Zwang zur Vermenschlichung? Warum kann ich die Schwalben und Rotkehlhüttensänger nicht einfach sie selbst sein lassen? Es ist, wie ich vermute, eine alte Angewohnheit unserer Spezies, uns selbst in Tieren wiederzuerkennen. Äsop tat es in seinen Tierfabeln; Philosophen und Theologen des Mittelalters taten es. In einem Buch aus dem 19. Jahrhundert, mit dem meine Großeltern unterrichtet wurden, beschreibt der Naturschriftsteller Nelje Blanchan den Hauszaunkönig so: »Wenn du dir vorstellst, daß Jenny König, die geduldig auf den kleinen, rosafarbenen Eiern mit Schokoladenklecksen in der Mitte ihres Federbettes sitzt, ein zurückhaltendes, engelhaftes Wesen ist, hast du nie gesehen, wie sie einen Spatzen von fast doppelter Größe angreift, der es wagt, seinen unverschämten Kopf durch ihre Tür zu stecken. ... Wie sie zetert und schimpft! Was für ein forsches kleines Zankweib sie doch letztlich ist!« In einem anderen Vogelhandbuch vom Beginn des letzten Jahrhunderts beschrieb Marbel Osgood Wright die Amerikanische Krähe als einen »gefiederten Uriah Heep« (den infamen und intriganten Angestellten in Dickens' *David Copperfield*) und den Blauhäher als »Räuberbaron«. Mittlerweile hat sich der Stil geändert. Anthropomorphe Bezüge in heutigen Handbüchern würden die Glaubwürdigkeit des Autors untergraben. Wir erkennen uns nicht mehr in Tieren wieder. Heute ist es vielmehr üblich, das Tier in uns selbst zu sehen.

Soziobiologen und Evolutionspsychologen gehen dabei voran. Sie blicken auf unsere Verwandtschaft zu anderen Lebewesen, um nicht nur unsere Körperformen, sondern auch unser Verhalten zu erklären. Edward O. Wilson, der Vater der Soziobiologie, schreibt: »... das Gehirn existiert, weil es das Überleben und die Vermehrung der Gene fördert, die seinen Aufbau steuern. Der menschliche Geist ist ein Mittel des Überlebens und der Reproduktion, und die Vernunft ist nur eine seiner vielfältigen Techniken.« Daher blicken wir in unsern Hirnstamm auf der Suche nach Schatten reptilischer Vorfahren. Wir untersuchen den Ameisenhaufen nach den Ursprüngen menschlicher Gesellschaften. Wir beobachten Gorillas im Nebel, um die Wurzeln menschlicher Aggression und Sexualität zu entdecken. Selbst unsere ethischen Systeme und Religionen könnten Teil unseres evolutionären Erbes sein, sagen Soziobiologen; sie helfen uns dabei, in einer unsicheren Umwelt zu überleben und uns fortzupflanzen.

Die Krähe, sagen sie, ist weniger ein »gefiederter Uriah Heep«; vielmehr tragen wir etwas von der Krähe in uns selbst. Ebenso sind es nicht so sehr die Blauhäher, die den »Räuberbaronen« ähneln; sondern der menschliche Räuberbaron ist es, der die Neigung des Blauhähers zur Selbstbereicherung in sich trägt. Diese Umkehrung der Perspektive verändert unser Denken über Umweltschutz, Ökologie und Tierexperimente, vielleicht sogar unsere Essensgewohnheiten. Philosophen und Theologen müssen noch ergründen, wie sich dies auf unser Selbstverständnis auswirkt, aber so viel ist sicher: Wir sind keine mit Tierkörpern befrachteten Engel; wir sind Tiere, die danach trachten, engelhaft zu sein.

Jenseits des Feldes, wo die Baumschwalben spielen, liegt ein halber Hektar Land, das der Gemeinde als Gartenland dient. Jeder Bürger des Ortes kann ein Stück dieses Landes für sich beanspruchen. Im Frühling werden die Parzellen jeweils neu vergeben. Dann tauchen einer nach dem anderen die Gärtner mit ihren Samentüten auf. Den ganzen Sommer über jäten und pflügen sie den Boden und verscheuchen Vögel. Im Herbst ernten sie. Manchmal sind sie am frühen Morgen da, wenn ich auf meinem Weg zur Arbeit vorbeikomme, pflegen versunken ihren Schatz oder schwingen eine Hacke zum Gruß. Zwiebeln, Rettiche, Kopfsalat, Tomaten, Bohnen, Mais. Es gibt keinen wirklichen Bedarf für diese Erzeugnisse. Die Gärtner könnten ihr Gemüse im Laden für weniger Geld kaufen, als sie für Gartengeräte ausgeben. Aber Geld ist hier nicht das Wichtigste. In Wirklichkeit geht es um die Liebe zur Natur, zur Erde, zu den Pflanzen, um das einzigartige Gefühl, selbst gezogene Erbsen zu pflücken oder eine große Tomate in der Hand zu wiegen. Die Gärtner sind hier aus einem ähnlichen Grund, weshalb ich den Weg zur Arbeit zu Fuß gehe, statt mit dem Auto zu fahren, aus dem gleichen Grund, weshalb Bob Benson dort drüben die Nester der Rotkehlhüttensänger kontrolliert. Die Gärten sind ein Weg, um einen Sinn für das Land zu kultivieren.

Seit unsere ersten Vorfahren steinerne Faustkeile anfertigten und mit Flintsteinen Feuer machten, ist die unberührte Natur auf dem Rückzug. Selbst so offenkundig wilde Landschaften wie der Yosemite-Nationalpark und die Arcadia National Parks zeigen die Zeichen des Einflusses der Zivilisation. Zu den Gestaltungsvorgaben des Wettbewerbs um den New Yorker Central Park gehörte beispielsweise die Gewährleistung des städtischen Durchgangsverkehrs. Schließlich erstreckt sich der Park über einundfünfzig Blöcke im Zentrum von Manhattan Island und durfte über eine solche Distanz keine Barriere für Fahrzeuge darstellen. Olmsted löste das Problem, indem er die Querstraßen in tiefe Gräben mit gemauerten Wänden einließ. So verhinderte er, daß der Fahrzeugverkehr – erst Kutschen, später Autos – die Geschlossenheit des Parkensembles nennenswert beeinträchtigte. Doch Parks oder auch Gärten, wie auch immer sie gestaltet sind, bleiben Kunstprodukte. Die Frage ist nicht, ob wir an künstlichen Orten leben werden, sondern ob wir uns an den Orten, an denen wir leben, zu Hause fühlen.

Wenn wir nicht irgendwo daheim sind, gehören wir nirgendwo hin. Wenn wir nicht einer bestimmten Landschaft verbunden sind, könnten wir genauso gut im Weltall umhertreiben. Der alaskische Naturessayist Richard K. Nelson sagt: »Was einem Ort das Besondere verleiht, ist die Art, wie er sich ins Herz gräbt, nicht, ob er flach oder zerklüftet, fruchtbar oder karg, naß oder trocken, sanft oder schroff, warm oder kalt, wild oder zahm ist. Jeder Ort, wie jeder Mensch, wird von der Liebe und dem Respekt erhöht, die man ihm erweist, und durch die Art, wie man seine Schätze empfängt.« Der Ort, den wir zu lieben lernen, kann ein Fensterbrett in einem Hochhaus sein, ein kleines Wäldchen in unserer Nähe oder auch ein Hochgebirge. Wichtig ist, daß wir uns zu Hause fühlen.

Vielleicht ist einer der Gründe, weshalb Olmsted so erfolgreich Landschaften gestaltete, in denen wir uns zu Hause fühlen können, daß er auch das Gelände seines eigenen wunderschönen Heims entwarf. Haus und Grundstück sind ein kleines Paradies in kurzer S-Bahnentfernung vom Bostoner Zentrum. Im Haus, das in keiner Weise protzig wirkt, befinden sich die – verblüffend kleinen – Räume der Büros, in denen Olmsteds Planer ihrem Handwerk nachgingen. Man staunt, wenn man sich überlegt, wie dramatisch das, was hier in diesen wenigen, beengten Räumen geschah, die Landschaft Amerikas verändert hat. Das Grundstück von Fairsted war eine Art Minilabor für Olmsteds Ideen: Hier wurden einige der bekanntesten Landschaftsarchitekten des späten 19. und frühen 20. Jahrhunderts ausgebildet.

Man stelle sich vor, wie Städte und Dörfer heute aussehen würden, wenn Planung und Ausführung öffentlicher und privater Bauvorhaben sich an den Prinzipien Olmsteds orientieren würden. Stattdessen schaffen wir Landschaften, die dem Autoverkehr, nicht den Menschen dienen.

Ich schätze mich glücklich, daß mich mein Weg durch eine harmonische Landschaft führt, die im Einklang mit der Natur gestaltet wurde. In den Gemeindegärten begegne ich anderen, die dieses Glück teilen und einen Sinn für den Ort kultivieren. Die Gärtner grüßen mich, wenn ich vorbeikomme. Manchmal bieten sie mir ihre Erzeugnisse an, ein paar Rettiche vielleicht; manchmal kaufe ich an einem Stand am Wegesrand einen der Blumensträuße, die in Marmeladengläsern für eine freiwillige Spende für den Naturschutz zum Verkauf stehen. Bob Benson versäumt es nie, mir seine Neuigkeiten mitzuteilen, wenn ich vorbeikomme. An vielen Morgen durchnäßten meine Schuhe im taufeuchten Gras jenseits des Pfades, weil ich einen neuen, manchmal von Bob selbst entworfenen Brutkasten für die Rotkehlhüttensänger inspizierte. Beim jährlichen Erntemarkt Anfang Oktober an dem Ort, wo früher das Herrenhaus von Sheep Pasture stand, sammelt unser Wildvogelbasar Spenden. Bob stellt dann sicher, daß die Rotkehlhüttensänger die Kästen auch annehmen.

Gemeinsam mit ihm habe ich beobachtet, wie diese Vögel in ein paar Wochen eine Brut aufziehen; mit den Gärtnern verfolge ich, wie aus Tomatensamen im Lauf des Sommers eine große, mit Früchten beladene Pflanze wird. Wir werden Zeugen, wie anhand unsichtbarer genetischer Drehbücher Atome montiert werden, aus dem Boden und der Luft gezogen und zu Vögeln oder Gemüse zusammengesetzt. Die frühesten Zellen in diesem Prozeß, die sogenannten Stammzellen, haben das Potential, zu jeder Art von Zelle zu werden: Feder oder Schnabel, Stengel oder Blatt. Was sie werden, hängt davon ab, welche Gene in jeder Entwicklungsphase ausgeprägt werden, und dies wiederum ist von der Umwelt beeinflußbar. Die DNA entspricht nicht ganz einer Blaupause, denn es gibt keinen Generalunternehmer, der den Plan ausführt. Sie gleicht auch nicht ganz einem Computerprogramm, weil es keine Hardware gibt, auf der sie läuft. Der Genforscher Enrico Coen drückt es so aus: »Die Software, das Programm, ist für die Organisation der Hardware verantwortlich, den Organismus. Dennoch ist es der Organismus in seinen verschiedenen Entwicklungsphasen, der das Programm während des gesamten Prozesses betreiben muß. Mit anderen Worten, die Hardware betreibt die Software, während gleichzeitig die Software die Hardware hervorbringt.« Wenn das zirkulär klingt, dann deshalb, weil es zirkulär ist. Das

Wesen des Lebens ist Kreisförmigkeit. Der Rotkehlhüttensänger und die Tomate ziehen sich am eigenen Schopf ins Leben – ebenso wie Sie und ich.

Mein 75-Kilo-Körper besteht aus etwa fünfzig Kilo Sauerstoff, 13,5 Kilo Kohlenstoff, sieben Kilo Wasserstoff, rund drei Kilo Stickstoff und rund eineinhalb Kilo von allem anderen. Es sind vor allem Grundstoffe, Wasser und Luft. Man würde meinen, daß man fast alles, was wir zum Aufbau unseres Körpers brauchen, durch tiefes Einatmen und Wassertrinken gewinnen könnten. Aber ganz so leicht ist es nicht.

Nehmen wir die sechs Pfund Stickstoff in unserem Körper. Unsere Zellen bilden Proteine, indem sie chemische Einheiten namens Aminosäuren verketten, und jede Aminosäure enthält ein Stickstoffatom. Ohne Stickstoff keine Proteine, ohne Proteine kein Ich – und keine Tomate. Unsere Körper sind Proteingewebe. Wo also liegt das Problem? Die Atmosphäre besteht zu achtzig Prozent aus Stickstoff. Wir saugen mit jedem Atemzug Stickstoff in unsere Lunge ein. Aber Stickstoff in der Atmosphäre (und in unseren Lungen) ist nutzlos. Die beiden Stickstoffatome in einem Stickstoffmolekül sind so fest verbunden, daß sie mit fast keinem anderen Element reagieren. Diese Inaktivität des Stickstoffes könnte man als Fehler im Legobaukasten der Natur bezeichnen, zumindest, was das Leben anbetrifft. Wir leben in einem Meer von Stickstoff, und es nützt uns nicht das Geringste.

Jedenfalls nicht direkt. Da wir den Stickstoff aus der Luft nicht nutzen können, zieht unser Körper Stickstoffatome aus weniger fest gebundenen Molekülen aus der Nahrung, die wir zu uns nehmen; aus diesen stellen wir Aminosäuren und schließlich Proteine her. Selbst dann gibt es noch zehn Aminosäuren, die wir nicht selbst herstellen können, die sogenannten essentiellen Aminosäuren. Um sie zu erhalten, sind wir auf

Pflanzen angewiesen, die allein die Fähigkeit haben, alle zwanzig Arten von Aminosäuren zu produzieren, die unser Körper benötigt. Ohne Pflanzen – ohne diese zehn essentiellen Aminosäuren, die wir nicht selbst produzieren können – würden Sie und ich nicht existieren. Aber woher erhalten die Pflanzen ihren Stickstoff, um Aminosäuren herzustellen? Bakterien, die in bestimmten Pflanzen leben, haben die Fähigkeit, Stickstoff aus der Atmosphäre zu ziehen, jene teuflisch feste Verbindung aufzubrechen und den Stickstoff in Moleküle einzubauen, die Pflanzen und Tiere nutzen können. Diese glückliche Allianz nennt sich *Stickstoffixierung.* Die Bakterien bekommen von den photosynthetisierenden Pflanzen Energie; die Pflanzen ihrerseits erhalten nützlichen Stickstoff zum Bau von Aminosäuren, darunter jene, die wir benötigen. So beruht letztlich der gesamte Festzug des Lebens auf der Erde auf Bakterien, die in oder an den Wurzeln bestimmter Pflanzen leben.

Doch halt! Was ich gerade über unsere Abhängigkeit von stickstoffbindenden Bakterien gesagt habe, ist streng genommen nicht ganz richtig. Noch vor einem Jahrhundert hätte es gestimmt, aber heute gilt es nicht mehr. Menschen haben die Angewohnheit, die Dinge selbst in die Hand zu nehmen. Im Jahre 1909 fand ein deutscher Chemiker namens Fritz Haber einen Weg, mithilfe eines Katalysators unter hohen Temperaturen und hohem Druck atmosphärischen Stickstoff mit Wasserstoff reagieren zu lassen, um Ammoniak zu bilden: die katalytische Hochdrucksynthese von Ammoniak, eine künstliche Stickstoffixierung. Wie die Bakterien bricht das Haber-Verfahren die Verbindung des atmosphärischen Stickstoffs auf und macht ihn als Dünger für die Landwirtschaft nutzbar. Es zerbricht damit auch die Abhängigkeit, die uns seit Anbeginn der Zeiten an stickstoffbindende Bakterien kettete. Natürlich schaffen wir, wenn wir mit uralten Mustern des Lebens herumspielen, auch Probleme. Das Haber-Verfahren erfordert große

Mengen nichterneuerbarer fossiler Brennstoffe als Energiequelle, der von Feldern und Gärten ausgeschwemmte Kunstdünger vergiftet Seen und Flüsse. Was zunächst als ein Segen der Technologie erschien, hat beträchtliche Umweltschäden zur Folge. Aber die traurige Tatsache ist, daß aufgrund der Übervölkerung der menschliche Nahrungsbedarf bei weitem die Fähigkeit der Bakterien übersteigt, uns mit Stickstoff zu versorgen. Heute wird mehr Stickstoffdünger in der Landwirtschaft verwendet, als auf natürliche Weise von Bakterien im terrestrischen Ökosystem fixiert wird. Fast der gesamte Stickstoff auf den Feldern Ägyptens, Indonesiens und Chinas stammt von Kunstdünger – hundert Millionen Tonnen jedes Jahr. Gäbe es den Haber-Prozeß nicht, müßten unzählige Menschen Hunger leiden. Oder umgekehrt ausgedrückt: Gäbe es den Haber-Prozeß nicht, würde es nicht so viele von uns geben. Umweltverschmutzung oder Hunger: eine unangenehme Wahl.

In den Gemeindegärten von North Easton scheint das Problem, die Milliarden von Menschen weltweit zu ernähren, weit entrückt. Hier ist das Ziel, Bakterien die Arbeit der Stickstofffixierung verrichten zu lassen und Kunstdünger zu vermeiden. Die Gärtner graben mit den Händen im Boden und erleben eine organische Vertrautheit mit dem alten Wunder von Sonne, Samen, Blatt und Wurzel – und jenen unsichtbaren stickstoffbindenden Mikroben, die all das möglich machen. Aber natürlich ist die Vorstellung »organischen« oder »biologischen« Gärtnerns in verschiedener Hinsicht eine Illusion. Ein Garten ist *per definitionem* künstlich. Die Pflanzen sind das Resultat von mehreren tausend Jahren Züchtung. Die Gärtner fahren mit Maschinen, die von fossilen Brennstoffen angetrieben werden, zu ihren »biologischen« Feldern. Ihre Motorpflüge brechen durch die Krume und übertönen das morgendliche Vogelgezwitscher. Die gesamte Landschaft ist das Werk menschlicher Planung, insgesamt wunderbar geglückt, aber doch künstlich.

Vor ungefähr zehntausend Jahren erlernte der Mensch die Kunst des Ackerbaus. Es war eine bedeutende Errungenschaft, die ein Leben in festen Siedlungen, den Bau von Städten, spezialisiertes Handwerk, Schrift, Religion, Architektur, Mathematik und Wissenschaft ermöglichte. Heute steht die Menschheit an der Schwelle zu einer zweiten Ackerbaurevolution, ebenso wie unsere Vorfahren, als sie das Jäger- und Sammlerleben aufgaben und sich als Bauern niederließen. Wissenschaftler und Ingenieure arbeiten daran, Organismen genetisch zu verändern, um Ertrag, Nährwert, Frische und Krankheitsresistenz von Nahrungspflanzen und -tieren zu erhöhen und vielleicht sogar die Fähigkeit zur Stickstoffixierung in Pflanzen anzulegen, um die Verwendung von Kunstdüngern (und fossilen Brennstoffen) zu verringern. Zu weiteren Vorteilen gentechnisch veränderter Organismen könnte die bessere Nutzbarkeit karger Böden gehören – was Naturgebiete vor dem Pflug retten könnte – sowie die Massenproduktion von Impfstoffen und Arzneimitteln, wodurch sich möglicherweise Krankheiten wie Cholera, Hepatitis B und Malaria ausrotten lassen. Die Verheißungen sind groß. Aber wie immer bei künstlich vom Menschen geschaffenen Produkten sind sie nicht ohne Gefahren.

Menschen haben Pflanzen und Tiere durch Züchtung seit Jahrtausenden genetisch verändert. So eignen sich zum Beispiel die großen Körner von domestiziertem Mais ideal für Ernte und Lagerung; dafür wurde die Pflanze eigens gezüchtet. Aber eine solche Pflanze würde ohne menschliche Kultivierung bald aus der Natur verschwinden, weil sie ihre Samen nicht verbreiten kann (die zu groß und zu schwer sind, um vom Wind fortgetragen zu werden). Mit anderen Worten, der Mais, der so sorgsam von »biologischen« Gärtnern kultiviert wird, ist selbst ein unnatürliches Produkt menschlicher Erfindungsgabe. Aber es *gibt* einen Unterschied zwischen Züchtung und Genmanipulation. Bis jetzt wurden alle Veränderungen in Pflanzen und

Tieren bewirkt, indem man engverwandte Arten miteinander kreuzte. Neu ist, daß Wissenschaftler mittlerweile die Macht haben, die Gene von Organismen zu *mischen*, ganz gleich, wie unterschiedlich sie sind. Bakteriengene wurden zum Beispiel in Mais eingepflanzt, um ihn krankheitsresistent zu machen. Die Gene von Glühwürmchen wurden in Tabakpflanzen eingeschleust, was sie zum Leuchten brachte (vor allem, um Techniken des Gentransfers zu testen). Selbst Affen wurden mit den Genen leuchtender Quallen zum Glühen gebracht.

Keine Technologie weckt mehr Bewunderung und Befürchtungen als die Fähigkeit, den Code des Lebens zu manipulieren und Artengrenzen zu überspringen. Olmsted bewegte Millionen von Tonnen Erde, um die Landschaft »natürlicher« zu machen, als es der Natur selbst gelungen war; die Gentechniker bewegen DNA-Stücke, um Organismen zu schaffen, die besser für den menschlichen Nutzen geeignet sind, als es vier Milliarden Jahre zufälliger Evolution vermochten. Während ich schreibe, werden allein in den USA über vierhunderttausend Quadratkilometer mit gentechnisch veränderten Pflanzen bestellt: Sojabohnen, Mais, Kürbis, Kartoffeln, Raps, Zuckerrüben. Am verbreitetsten ist die technische Veränderung dieser Pflanzen mit Genen, die sie resistenter gegen Insektenbefall oder Unkrautbekämpfungsmittel machen. Es ist noch nicht ganz klar, wer von dieser Entwicklung profitiert – das Agrobusiness, die Bauern, die Konsumenten –, aber der Trend wird sich mit Sicherheit fortsetzen. Bislang gibt es keinen Fall von genmanipulierten Feldfrüchten, die sich als schädlich für den Menschen erwiesen haben. Gleichzeitig ist die langfristige Sicherheit von genmanipulierten Nahrungsmitteln – für die Verbraucher und die Umwelt – noch nicht erwiesen. Ich vermute, daß in einem Jahrhundert genmanipulierte Nahrungsmittel wohl selbstverständlich sein werden. Sie werden eine Komponente einer noch zu entwickelnden ökologischen Landwirtschaft sein, zu der neue Pflanzenkreuzungen, der Anbau gemischter Feldfrüchte, Fruchtwechsel und der sparsame Einsatz von Kunstdünger und Schädlingsbekämpfung gehören werden.

Jede neue Technologie birgt potentiellen Schaden. Der Dichter Thoreau protestierte einst gegen die Fitchburg-Eisenbahn, die dicht an seiner Einsiedlerhütte am Walden Pond vorbeiführte. In der Zeit, die er benötigen würde, das Geld für die Fahrkarte zu verdienen, sagte er, könne er mit weit größerem Vergnügen nach Fitchburg zu Fuß laufen. Doch wenige Menschen würden gerne die technologische Uhr zurückdrehen, und sei es nur um eine Generation, ganz zu schweigen von den Tausenden von Jahren, die uns von unseren vortechnologischen Vorfahren trennen. Thoreaus Bruder, John, starb an Blutvergiftung infolge einer Rasierverletzung; moderne Arzneimittel hätten sein Leben gerettet. Das Getöse der dampfgetriebenen Hämmer erklang im 19. Jahrhundert in den Ohren der Dorfbewohner von North Easton zehn bis zwölf Stunden am Tag; dieser fürchterliche Krach schuf den Wohlstand, der es ihren Nachfolgern im 20. Jahrhundert ermöglicht, in Gemeindegärten herumzuwerkeln und sich um Nistkästen für Rotkehlhüttensänger zu kümmern.

Eine vielbefahrene Autobahn trennt die Gemeindegärten von Sheep Pasture von Stonehouse Hill House, dem Herrenhaus des früheren Ames-Anwesens, das heute den Campus von Stonehill College bildet. Mein anderthalb Kilometer langer Weg hat mich zum Anfang des Universums und zurück geführt, zum Kern der Sonne und ins wirbelnde Herz der DNA; er hat mich auch an die Schwelle eines neuen Jahrtausends geleitet. Welche Art von globaler Umwelt erwartet meine Enkel und Urenkel? Wird die planetarische Evolution die Geschichte des Pfades rekapitulieren: Wildnis, Jagen und Sammeln, Akkerbau, Industrie, Cyberzivilisation? Wir sind eine Spezies, die sich in einer bestimmten Umwelt entwickelte – den Savannen

Ostafrikas –, mit Verhaltensweisen und Anlagen, die zum optimalen Überleben in dieser Umwelt geformt sind. Hier, entlang meines Weges, wurde etwas wiedererschaffen, das jenem Ort ähnelt, aber mit dem Komfort und der Sicherheit der technologischen Zivilisation. Hollywood und Science-Fiction-Schriftsteller malen häufig eine düstere, anorganische Zukunft aus, ganz glühender Stahl oder verrostetes Eisen, bewohnt von Techno-Mutanten; untergangsselige Umweltschützer blicken in eine kommende Asphalteinöde voller Umweltverschmutzung und kreatürlicher Einsamkeit. Aber was wir auf dem Pfad gesehen haben, läßt anderes vermuten. Bei einem bescheidenen Wohlstand und Wahlfreiheit werden sich die meisten von uns für einen Gartenplaneten entscheiden – ein Arkadien irgendwo zwischen den beiden Polen wilder Natur und Künstlichkeit.

Der Pfad windet sich unter dem Baumkronendach und öffnet sich dann zur Morgendämmerung. Es ist einer jener frischen Herbstmorgen, an denen der Himmel kurz vor Sonnenaufgang sein strahlendstes Blau zur Schau stellt. Eine, zwei, drei ausgefranste Reihen von Kanadagänsen fliegen dicht über den Baumwipfeln, angekündigt und gefolgt vom Chor ihrer Schreie. Ich halte inne und beobachte, wie sie gen Süden ziehen, die Federn von der letzten warmen Brise zerzaust. Als ihre Schreie langsam verhallen, bemerke ich, daß es frisch geworden ist. Der ständig sich drehende Planet ist in seine Winterkurve eingebogen. Und da, gerade als ich denke, das Gekreische sei vorbei, höre ich weitere Gänserufe, kaum wahrnehmbar, hoch über mir in den Lüften. Ich blicke auf und sehe ein langes, asymmetrisches V von vielleicht hundert Vögeln, die wie über den Himmel verstreute Goldtaler die direkten Strahlen der Sonne einfangen, die noch nicht über den Horizont geklettert sind.

Warum diese V-Form? Warum dieser euklidische Pfeil, der auf wärmere Breiten zielt? Es ist ein fundamentaler Lehrsatz der Wissenschaft, daß die Dinge nicht zufällig geschehen oder um ein goldenes V zum Wohle eines menschlichen Beobachters über den Morgenhimmel zu streuen. Wir finden V-Formationen ästhetisch, aber unsere Freude an der Geometrie ist sicherlich nicht der Schlüssel zum Verständnis. Anpassung heißt hier das Zauberwort. Das Fliegen in Formationen könnte die aerodynamische Effizienz verbessern, indem es jedem Nachfolgenden in der Reihe einen zusätzlichen Auftrieb verschafft, durch etwas, was Luftfahrtingenieure *Flächenspitzenwirbel* nennen. Die Gänse könnten aber auch nur deshalb in V-Form fliegen, um sich gegenseitig im Auge zu behalten.

Was auch immer der Grund dafür ist, Lebewesen entwickeln unweigerlich die Wettbewerbsvorteile, die ihren Genen erlauben, in der Zukunft zu bestehen. Es war Darwins Genie, zu erkennen, daß die natürliche Auslese zu Komplexität führt – sogar, wie im Fall der Kanadagänse, zu einer spektakulären morgendlichen Geometrie. Das Gesetz der Entropie besagt, daß sich das Universum – insgesamt – immer mehr auf das Chaos zubewegt. Das Leben aber schafft Ordnungsmuster, indem es sich einen entsprechend größeren, Unordnung schaffenden Prozeß im Zentrum der Sonne, wo Sonnenenergie produziert wird, nutzbar macht. Die Gänse, die ihr V in den Morgenhimmel stoßen, sind Geschöpfe des gelben Sterns, der jetzt – gerade in diesem Augenblick – seinen feurigen Rand über den Horizont hebt und meinen Weg in goldenes Licht taucht.

Auch wir verbessern unser genetisches Kapital auf Kosten unserer Sonne. Wir alle bauen Türme der Ordnung in einem Universum, das letztlich dazu bestimmt ist, all unsere Türme niederzureißen. Aber das ist kein Grund zu verzweifeln. Der Aufstieg des Lebens zur Komplexität dauert seit Milliarden von Jahren an und wird noch weitere Milliarden von Jahren fortdauern, solange die Sonne scheint. Aufgrund seines gewaltigen Selektionsvorteils war die Entstehung des menschlichen Geistes, oder von ähnlichem, im Lauf der Evolution vermutlich unausweichlich, und mit der Intelligenz und dem Bewußtsein kamen Wissenschaft und Technologie. Hinter einmal gewonnenes Wissen kann man nicht zurückgehen. Wissen ist Macht. Ob zum Guten oder Schlechten, die Zukunft des Planeten ist uns übergeben, nicht von einem Gott, sondern vom Schicksal. Die Verantwortung für andere Lebewesen liegt in unseren Händen. Es gibt keinen transzendenten moralischen Imperativ, der uns gebieten würde, diese Zukunft statt einer anderen zu schaffen oder ein Lebewesen statt eines anderen zu bewahren. So schrecklich es auch klingen mag, das Eigeninteresse unserer Spezies ist wohl die solideste Wahlgrundlage dafür. So wie die goldene Regel, andere so zu behandeln, wie man selbst behandelt werden will, anerkennt, daß Altruismus gegenüber unseren Mitmenschen durch das Eigeninteresse der Einzelnen gefördert wird, so legt ein Verständnis der ökologischen Ganzheit der Erde nahe, daß unser Altruismus sich auch auf andere Lebewesen ausdehnen sollte: Pflanzen, Tiere, selbst Mikroben.

Die Bewahrung der Umwelt – sauberes Wasser, reine Luft, ein beständiges Klima – liegt im Interesse unserer Spezies. Das Arkadien, das wir schaffen sollten, hätte wie die geräumigen Olmstedschen Landschaftsparks seine verschiedenen Bereiche. Es wäre urban, würde aber Zersiedelung vermeiden. Es hätte Raum für Autos, würde sich ihnen aber nicht unterwerfen. Es würde genetisch veränderte Pflanzen und Tiere hinnehmen, um die Ernährung so vieler Menschen zu sichern und Gesundheit, sauberes Wasser und naturbelassene Räume zu begünstigen. Es wäre utopisch in der Vision, aber realistisch in der Erkenntnis, daß Eigeninteressen zu eng gefaßt sein können. Es würde verstehen, daß »Natur« mehr ist als ein hübscher Abenteuerspielplatz für Kinder; daß zur Natur auch Bakterien, Galaxien,

Quarks, und, ja, auch die menschliche Zivilisation gehören. Es würde erkennen, daß die »rohe« Natur auf einem Fundament von Tod und manchmal (nach menschlichen Maßstäben) unaussprechlicher Grausamkeit gründet, die moralische Freiheit der Menschen aber den brutalen Selektionsimperativ der Evolution überwinden kann.

Das arkadische Ideal von Menschen, die mit der gezähmten Natur in Einklang leben, begann nicht mit der gleichnamigen Ideallandschaft in Griechenland (man denke an den noch älteren Mythos vom Garten Eden), noch wurde es von den Greueln der Kriege des 20. Jahrhunderts, der Weltwirtschaftskrise oder den Exzessen der Technologie diskreditiert. Es ist ein robuster alter Mythos, vor dessen Hintergrund wir noch immer hoffen dürfen, die Aufklärung mit ihrem Vertrauen in die Kraft des menschlichen Geistes, der Welt einen Sinn zu geben, mit der Romantik und ihrem Glauben, daß alles Leben ein Wunder ist, zu verbinden. Auf meinem Weg habe ich diese scheinbar konkurrierenden Neigungen glücklich vereint vorgefunden: Ordnung und Überraschung, das Künstliche und das Natürliche, das Zivilisierte und das Wilde, menschliches Eigeninteresse und Ganzheit des Lebens.

Günther Anders

## *Bukolik und Eigentum*

Bukolisch soll das Geläute der Viehherden sein? Idyllisch? Friedlich? Nicht in meinen Ohren. Es gibt auch Vorurteile der Sinne.

Schon schlimm genug, zu welchem Zustand wir die Viecher

verurteilen. Aber davon, daß sie jeden Schritt, jede Kopfwendung, jedes Maulvoll von Gras mit der Qual des Gebimmels bezahlen müssen, und daß sie, betäubt von der Qual dieses Dauerdröhnens, die paar Stockhiebe auf ihre knöchernen Hintern schon nicht mehr registrieren, davon will ich hier gar nicht reden. Sondern vom Ursprung unserer Rührung.

Kein Bauer hängt seiner Kuh die Glocke aus lyrischen Gründen um den Hals. Sondern allein deshalb, weil er sie dadurch akustisch am Strick halten kann. Solange er sein vierbeiniges Eigentum, und selbst auf der fernsten Alm, herumläuten hört, solange hört er, was ihm gehört; solange braucht er sich keine Sorge um sein Eigentum zu machen; solange kann er friedlich seinen anderen Geschäften nachgehen. Dem Bauern verschafft das Läuten also wirklich Frieden.

Aber uns? Warum uns? Warum sind wir durch die Sicherung seines Eigentums gerührt? Warum reden wir uns ein, daß diese Rührung das natürlichste Naturgefühl sei? Warum verfälschen wir, was als Besitzgenuß begreiflich ist, in sanfte Verzauberung? Was genießen wir da eigentlich? Und warum genießen wir da etwas? Warum, da es ja doch gar nicht unser persönliches Eigentum ist, was sich da durch das Gebimmel meldet und bestätigt?

Falsch gefragt. Es *ist* unser Eigentum. Warum?

Weil es keine Solidarität gibt, die stärker wäre als die mit den Besitzenden. Weil selbst wir Besitzlosen diese Solidarität nicht brechen. In anderen Worten: was wir als Bukoliker oder als angebliche Naturliebhaber genießen, ist die Tatsache, daß, was da drüben am Hang herumbimmelt, gerade *nicht* Natur ist, nämlich nichts Fremdes, nichts Herrenloses, nichts, vor dessen Einbruch wir uns in acht zu nehmen brauchten; daß es vielmehr zu unserer domestizierten Welt gehört, zu unserem Eigentum.

Nicht zu unserem persönlichen Eigentum. Zugegeben. Nein,

nicht nur zugegeben, sondern ganz ausdrücklich unterstrichen. Denn das ist gerade der springende Punkt. Im Ohr des Bauern klingt das Gebimmel ja gewiß nicht lyrikreif, sondern nur praktisch und beruhigend. In unserem dagegen wohl. Und zwar eben deshalb, weil wir gar nicht erkennen, daß unser Genuß Eigentumsgenuß ist, weil wir die seltene Chance haben, einmal ›Eigentum überhaupt‹, einmal Eigentum mit ›uninteressiertem Wohlgefallen‹ genießen zu können. Hätten wir nicht dieses Alibi, niemals würde das Gebimmel in unseren Ohren lyrikreif klingen. Die Umwege des Ästhetischen sind widerwärtig.

Der Widerwille, der mich hier erfüllt, ist der gleiche, der mich seit Jahren beim Anhören von ›Spirituals‹ erfüllt. Dem Negersklaven war die Demut in den Mund gelegt worden. Solange er diese in Liedern ausdrückte, solange entlief er seinem Eigentümer nicht, so wenig wie der bimmelnde Ochse seinem Eigentümer entläuft. Daß ›Spirituals‹ als besonders süß galten und auch heute noch gelten (und sogar in den Ohren derer, die Sklavenbesitz ehrlich hassen, auch in meinen – aber auch wir sind noch Erben), das ist so wenig Zufall, wie daß das Gebimmel des Viehs in unseren Ohren so stimmungsvoll klingt. In beiden Fällen verbirgt der bukolische Genuß den Herrschafts- und Eigentumsgenuß. In beiden Fällen ist, was uns rührt, die Hilflosigkeit derer, die uns unangefochten gehören. Und da bleibt kein Auge trocken. Auch meines nicht.

Zeus singt nicht und schlägt nicht die Zither, heißt es bei Aristoteles. Singen gehört vielmehr zu den Pflichten der Sklaven. Aber nicht etwa deshalb, weil diese – was Zeus zuweilen leutselig behauptet – musikalischer wären als er, sondern allein deshalb, weil der Genuß der Herrschaft allein durch den Gesang der Unterlegenen bestätigt werden kann. Gewiß, die ›Spirituals‹ sind süß. Aber letztlich ist diese Süße keine andere als die der Übermacht, die auf dem Umwege über die Stimme des Untergebenen ins Ohr des Mächtigen zurückkehrt.

Und nun ist es stumm geworden drüben am Hange. Was da gebimmelt hatte, steht nun Bauch an Bauch in den Ställen; das Eigentum ist beim Eigentümer, die Stalltüren sind zugesperrt, das Gebimmel ist überflüssig geworden, die Pastorale ist aus. Es wird dunkel, und irgend etwas hat hinter mir geraschelt, weiß der Himmel was, ein Tier oder ein Windstoß, nicht unsere Welt, nicht unser Eigentum. Es wird unheimlich. Nachhause.

Voltaire

## *Besuch bei dem Herrn Pococurante, einem venezianischen Edelmann*

Candide und Martin fuhren in einer Gondel auf der Brenta und gelangten zum Palast des Edlen Pococurante. Die Gärten waren kunstvoll angelegt und geschmückt mit schönen Marmorstatuen, der Palast von schöner Bauart. Der Hausherr, ein Mann von sechzig Jahren, schwerreich, empfing die beiden neugierigen Besucher sehr höflich, wenn auch ohne rechten Eifer, was Candide irremachte und Martin nicht mißfiel.

Zunächst reichten ihnen zwei hübsche, artig gekleidete Mädchen Schokolade, die sie sehr schön schäumen ließen. Candide konnte sich nicht enthalten, ihre Schönheit, Anmut und Anstelligkeit zu loben. »Es sind recht nette Geschöpfe«, sagte der Senator Pococurante, »ich nehme sie manchmal zu mir ins Bett, denn ich bin der Damen aus der Stadt überdrüssig, ihrer Koketterie, ihrer Eifersüchteleien, ihrer Streitereien, ihrer Launen, ihrer Nichtigkeiten, ihres Hochmuts, ihrer Albernheiten und der Sonette, die man für sie machen oder bestellen muß; indessen aber beginnen diese beiden Mädchen, mich zunehmend zu langweilen.«

Candide machte nach dem Frühstück einen Rundgang in einer langen Galerie und war erstaunt über die Schönheit der Gemälde. Er fragte, von welchem Meister die beiden ersten seien. »Sie sind von Raffael«, sagte der Senator, »ich kaufte sie vor Jahren sehr teuer aus Eitelkeit, man sagt, es sei das Schönste, was es in Italien gibt, mir aber gefallen sie gar nicht: ihre Farbe ist sehr gedunkelt, die Figuren sind nicht ausreichend schattiert und treten nicht genügend hervor; die Gewänder ähneln in nichts einem Stoff; mit einem Wort, was immer man auch sagen mag, ich finde darin keine rechte Nachahmung der Natur. Ich mag ein Gemälde nur dann, wenn ich glaube, die Natur selbst darin zu sehen; von dieser Sorte gibt es keine. Ich besitze viele Gemälde, aber ich betrachte sie mir nicht mehr.«

In der Zeit bis zum Essen ließ sich Pococurante ein Concerto musizieren. Candide fand die Musik köstlich. »Auf eine halbe Stunde geht solch ein Gelärme wohl an«, sagte Pococurante, »dauert es aber länger, ermüdet es jedermann, auch wenn niemand es zugeben mag. Heutigentags ist Musik nur noch die Kunst, schwierige Tonsätze aufzuführen, und etwas, das nur schwierig ist, gefällt auf die Dauer nicht.«

»Vielleicht gefiele mir die Oper besser, hätte man nicht das Geheimnis entdeckt, daraus ein Monstrum zu machen, was mich aufbringt. Gehe jeder, dem danach ist, schlechte Trauerspiele in Musik anschauen, in denen die Szenen nur dazu dienen, ganz unpassend zwei oder drei lächerliche Liedchen einzuführen, um die Kehle einer Sängerin zur Geltung zu bringen. Mag, wer will oder kann, vor Entzücken vergehen beim Anblick eines Kastraten, der die Rolle des Cäsar oder des Cato herunterträllert und linkisch auf den Brettern umherstolziert; ich meinerseits habe vor langem schon auf diese Armseligkeiten verzichtet, die heute den Ruhm Italiens ausmachen und für die

Fürsten so teuer bezahlen.« Candide bestritt es ein wenig, aber mit großer Zurückhaltung. Martin war gänzlich der Meinung des Senators.

Man begab sich zu Tisch, und nach einem vortrefflichen Mahl machte man sich in die Bibliothek auf. Candide, einen wundervoll gebundenen Homer erblickend, pries Illustrissime für seinen guten Geschmack. »Dies Buch hier«, sagte er, »war die ganze Wonne des großen Pangloß, des besten Philosophen Deutschlands.« – »Die meine ist es nicht«, sagte Pococurante kaltsinnig, »vor Zeiten machte man mich glauben, es bereite mir Vergnügen beim Lesen; aber diese ständigen Wiederholungen von Kämpfen, die sich alle gleichen, diese Götter, die immer geschäftig sind, nur um nichts Entscheidendes zu tun, diese Helena, die Grund für den Krieg ist und im Stück kaum auftritt; dies Troja, belagert, aber nicht eingenommen, das alles verursachte mir tödliche Langeweile. Zuweilen habe ich Gelehrte gefragt, ob sie sich ebenso wie ich bei dieser Lektüre langweilten. Alle ehrlichen Leute gestanden mir, das Buch fiele ihnen aus der Hand, daß man es aber immer in seiner Bibliothek haben müsse, als ein Denkmal der Antike, gerade wie die verrosteten Gedenkmünzen, die nicht in Umlauf gebracht werden können.«

»Eure Exzellenz denkt nicht geradeso von Vergil?« fragte Candide. »Ich räume ein, das zweite, vierte und sechste Buch seiner *Äneis* sind ausgezeichnet, aber was seinen frommen Äneas angeht, den starken Cloanthes, den Freund Achates, den kleinen Askanius, den dummen König Latinus, die beschränkte Amata und die fade Lavinia, glaube ich, es gibt nichts so Kaltes und Mißfälliges. Lieber mag ich Tasso und jene Geschichten von Ariost, bei denen man im Stehen einschläft.«

»Darf ich mich unterstehen, Euch zu fragen, Herr«, sagte Candide, »ob Ihr nicht großes Vergnügen dabei habt, Horaz zu lesen?« – »Es finden sich da Maximen, die einem Mann von

Lebensart nützen können«, meinte Pococurante, »und in kraftvolle Verse gegossen sich dem Gedächtnis bequem einprägen. Aber um seine Reise nach Brundisium schere ich mich herzlich wenig, so wie um seine Beschreibung eines schlechten Mahles, und um den Streit von Lastträgern zwischen einem, ich weiß nicht, Pupilus, dessen Reden, wie er sagt, *voller Eiter seien,* und einem anderen, dessen Worte *von Essig seien.* Ich habe nur mit äußerstem Widerwillen seine plumpen Verse gegen die alten Weiber und gegen die Hexen gelesen; und ich sehe nicht, welch Verdienst darin liegen soll, wenn er zu seinem Freund Maecenas sagt, falls dieser ihn in den Rang der lyrischen Dichter erhebe, werde er mit der Stirn an die Sterne rühren. Die Narren bewundern an einem geschätzten Dichter einfach alles. Ich lese nur für mich; ich mag nur das mir Dienliche.« Candide, darin erzogen, niemals aus sich selbst zu urteilen, war von dem Gehörten höchst erstaunt; und Martin fand die Denkweise Pococurantes recht vernünftig.

»Oh! Da ist ja ein Cicero«, bemerkte Candide, »diesen großen Mann aber, denke ich doch, werdet Ihr nicht müde zu lesen?« – »Ich lese ihn nie«, antwortete der Venezianer, »was schert es mich, ob er Rabirius oder Cluentius verteidigt hat? Ich habe selbst genug Prozesse, in denen ich richte; mit seinen philosophischen Werken hätte ich noch übereinstimmen können, aber da ich sah, daß er über alles im Zweifel stand, kam ich zum Schlusse, daß ich darüber genausoviel wisse wie er, daß ich niemanden brauche, um unwissend zu sein.«

»Ah! Hier: achtzig Sammelbände einer Akademie der Wissenschaften«, rief Martin, »da könnte einiges Gute darunter sein.« – »Das wäre auch so«, sagte Pococurante, »wenn ein einziger der Autoren dieses Plunders nur wenigstens die Kunst erfunden hätte, Nadeln zu machen, so aber gibt es in all diesen Büchern nur leere Systeme, und nichts von alldem ist brauchbar.«

»Was sehe ich denn dort an Theaterstücken!« sagte Candide, »auf Italienisch, auf Spanisch, auf Französisch!« – »Ja, da stehen dreitausend davon«, sagte der Senator, »und nicht drei Dutzend gute darunter. Was diese Predigtsammlungen angeht, die alle zusammen nicht eine Seite Seneca wert sind, und all die dicken Theologiebände, könnt Ihr Euch ja wohl denken, daß ich sie nie aufschlage, weder ich noch jemand anderes.«

Martin bemerkte Regale voller englischer Bücher. »Ich meine, ein Republikaner«, sagte er, »muß an den meisten dieser Werke sein Gefallen finden, sind sie doch so freimütig geschrieben.« – »Ja«, gab Pococurante zur Antwort, »es ist schön, zu schreiben, was man denkt; das ist das Vorrecht des Menschen. In unserem ganzen Italien schreibt man, was man nicht denkt. Die Bewohner des Vaterlandes der Cäsaren und Antoniusse wagen nicht, einen Gedanken zu haben, ohne die Erlaubnis eines Dominikaners. Mir wäre die Freiheit recht, die die großen englischen Geister erfüllt, wenn nicht der Parteiengeist und -hader alles verunstalteten, was diese kostbare Freiheit an Schätzbarem besitzt.«

Als Candide einen Milton entdeckte, fragte er ihn, ob er nicht diesen Autor für einen großen Mann halte. »Wen?« gab Pococurante zurück, »diesen Barbaren, der einen langen Kommentar des ersten Buchs der Genesis in zwölf Büchern und hölzernen Versen verfaßt? Diesen plumpen Nachahmer der Griechen, der die Schöpfung verunstaltet, und während Moses die Vorstellung vom Ewigen erweckt, der die Welt durch das Wort erschafft, den Messias aus einem Schrank im Himmel einen großen Zirkel holen läßt, um sein Werk zu entwerfen? Ich sollte den schätzen, der die Hölle und den Teufel Tassos verdorben hat, der Luzifer bald als Kröte verkleidet, bald als Pygmäen, der ihn hundertmal dieselben Reden wiederholen läßt; der ihn über Theologie disputieren und, die spaßhafte Erfindung der Feuerwaffen bei Ariost ganz ernsthaft nachahmend, die Teufel mit der Kanone in den Himmel schießen läßt? Weder ich noch sonst irgend jemand in Italien hat an all diesen traurigen Narreteien seine Freude gefunden. Die Hochzeit der Sünde mit dem Tod und die Nattern, mit denen die Sünde niederkommt, bringt jeden Menschen von etwas feinerem Geschmack zum Erbrechen, und seine lange Beschreibung eines Hospitals ist gerade gut für den Totengräber. Dies düstere, närrische und ekelerregende Gedicht wurde schon bei seiner Entstehung verachtet, ich behandle es heute, wie es in seiner Heimat behandelt wurde von den Zeitgenossen. Im übrigen sage ich, was ich denke, und schere mich herzlich wenig, ob die anderen so denken wie ich.« Candide war von diesem Reden bedrückt; er verehrte Homer, er mochte ein wenig Milton. »Au weh!« sagte er ganz leise zu Martin, »ich fürchte wohl, daß dieser Mann da eine uneingeschränkte Verachtung für unsere deutschen Dichter hegt.« – »Das wäre das Schlimmste nicht«, sagte Martin. – »Oh, welch überlegener Mann!« sagte Candide noch einmal zwischen den Zähnen, »welch hoher Geist, dieser Pococurante! Nichts kann ihm gefallen.«

Nachdem sie so alle Bücher durch die Musterung hatten gehen lassen, stiegen sie zum Garten hinunter. Candide pries alle seine Schönheiten. »Ich kenne nichts von solch schlechtem Geschmack«, sagte der Hausherr, »wir haben hier nur läppischen Zierrat, aber ab morgen werde ich einen nach einem edleren Plane anlegen lassen.«

Als die beiden neugierigen Besucher von Seiner Exzellenz Abschied genommen hatten: »Wohlan denn«, sagte Candide zu Martin, »Ihr werdet einräumen, daß dies der glücklichste aller Menschen ist, denn er steht über allem, was er besitzt.« – »Seht Ihr denn nicht«, meinte Martin, »daß ihn alles anwidert, was er besitzt? Platon sagte schon vor langer Zeit, es sind die besten Mägen nicht, die alle Nahrung abweisen.« – »Aber findet er denn keine Freude daran«, sagte Candide, »alles zu kritisieren,

Mängel festzustellen, wo die anderen Menschen glauben, nur Schönheit zu sehen?« – »Das heißt also«, entgegnete Martin, »es macht Vergnügen, kein Vergnügen zu haben?« – »Gut dann!« sagte Candide, »es gibt also keinen Glücklichen außer mir, wenn ich Fräulein Kunigunde wiedersehen werde.« – »Es ist immer gut, Hoffnung zu haben«, sagte Martin.

Franz Kafka

## *Vor dem Gesetz*

Vor dem Gesetz steht ein Türhüter. Zu diesem Türhüter kommt ein Mann vom Lande und bittet um Eintritt in das Gesetz. Aber der Türhüter sagt, daß er ihm jetzt den Eintritt nicht gewähren könne. Der Mann überlegt und fragt dann, ob er also später werde eintreten dürfen. »Es ist möglich«, sagt der Türhüter, »jetzt aber nicht.« Da das Tor zum Gesetz offensteht wie immer und der Türhüter beiseite tritt, bückt sich der Mann, um durch das Tor in das Innere zu sehn. Als der Türhüter das merkt, lacht er und sagt: »Wenn es dich so lockt, versuche es doch, trotz meines Verbotes hineinzugehn. Merke aber: Ich bin mächtig. Und ich bin nur der unterste Türhüter. Von Saal zu Saal stehn aber Türhüter, einer mächtiger als der andere. Schon den Anblick des dritten kann nicht einmal ich mehr ertragen.« Solche Schwierigkeiten hat der Mann vom Lande nicht erwartet; das Gesetz soll doch jedem und immer zugänglich sein, denkt er, aber als er jetzt den Türhüter in seinem Pelzmantel genauer ansieht, seine große Spitznase, den langen, dünnen, schwarzen tatarischen Bart, entschließt er sich, doch lieber zu warten, bis er die Erlaubnis zum Eintritt bekommt. Der Türhüter gibt ihm einen Schemel und läßt ihn seitwärts von der Tür sich niedersetzen. Dort sitzt er Tage und Jahre. Er macht viele Versuche, eingelassen zu werden, und ermüdet den Türhüter durch seine Bitten. Der Türhüter stellt öfters kleine Verhöre mit ihm an, fragt ihn über seine Heimat aus und nach vielem andern, es sind aber teilnahmslose Fragen, wie sie große Herren stellen, und zum Schlusse sagt er ihm immer wieder, daß er ihn noch nicht einlassen könne. Der Mann, der sich für seine Reise mit vielem ausgerüstet hat, verwendet alles, und sei es noch so wertvoll, um den Türhüter zu bestechen. Dieser nimmt zwar alles an, aber sagt dabei: »Ich nehme es nur an, damit du nicht glaubst, etwas versäumt zu haben.« Während der vielen Jahre beobachtet der Mann den Türhüter fast ununterbrochen. Er vergißt die andern Türhüter, und dieser erste scheint ihm das einzige Hindernis für den Eintritt in das Gesetz. Er verflucht den unglücklichen Zufall, in den ersten Jahren rücksichtslos und laut, später, als er alt wird, brummt er nur noch vor sich hin. Er wird kindisch, und, da er in dem jahrelangen Studium des Türhüters auch die Flöhe in seinem Pelzkragen erkannt hat, bittet er auch die Flöhe, ihm zu helfen und den Türhüter umzustimmen. Schließlich wird sein Augenlicht schwach, und er weiß nicht, ob es um ihn wirklich dunkler wird, oder ob ihn nur seine Augen täuschen. Wohl aber erkennt er jetzt im Dunkel einen Glanz, der unverlöschlich aus der Türe des Gesetzes bricht. Nun lebt er nicht mehr lange. Vor seinem Tode sammeln sich in seinem Kopfe alle Erfahrungen der ganzen Zeit zu einer Frage, die er bisher an den Türhüter noch nicht gestellt hat. Er winkt ihm zu, da er seinen erstarrenden Körper nicht mehr aufrichten kann. Der Türhüter muß sich tief zu ihm hinunterneigen, denn der Größenunterschied hat sich sehr zuungunsten des Mannes verändert. »Was willst du denn jetzt noch wissen?« fragt der Türhüter, »du bist unersättlich.« »Alle streben doch nach dem Gesetz«, sagt der Mann, »wieso kommt es, daß in den vielen Jahren niemand außer mir Einlaß verlangt hat?« Der Türhüter erkennt, daß der Mann schon an seinem Ende ist, und, um sein vergehendes Gehör noch zu erreichen, brüllt er ihn an: »Hier konnte niemand sonst Einlaß erhalten, denn dieser Eingang war nur für dich bestimmt. Ich gehe jetzt und schließe ihn.«

Friedrich Hölderlin

## *Lebenslauf*

Größers wolltest auch du, aber die Liebe zwingt
All uns nieder, das Leid beuget gewaltiger,
Doch es kehret umsonst nicht
Unser Bogen, woher er kommt.

Aufwärts oder hinab! herrschet in heil'ger Nacht,
Wo die stumme Natur werdende Tage sinnt,
Herrscht im schiefesten Orkus
Nicht ein Grades, ein Recht noch auch?

Dies erfuhr ich. Denn nie, sterblichen Meistern gleich,
Habt ihr Himmlischen, ihr Alleserhaltenden,
Daß ich wüßte, mit Vorsicht,
Mich des ebenen Pfads geführt.

Alles prüfe der Mensch, sagen die Himmlischen,
Daß er, kräftig genährt, danken für alles lern',
Und verstehe die Freiheit,
Aufzubrechen, wohin er will.

# *Autoren- und Quellenverzeichnis*

Günther Anders (1902–1992), Philosoph. – Bukolik und Eigentum. Aus: Philosophische Stenogramme. München 3. Aufl. 2002, S. 23–25. © Verlag C. H. Beck, München 1965.

Birgitta von Schweden (1303–1373), Mystikerin. – Fragen und Antworten. Aus: Die Welt der Philosophin. Antike und Mittelalter. Hrsg. von Ursula Meyer. Aachen 1995, S. 317–320. © Verlag Josef Knecht, Freiburg 1961.

Buddha (563–483 v. Chr.), geistlicher Lehrer. – Vollkommene Weisheit. Aus: Die Weisheiten des Buddha. Übersetzt von Elisabeth Liebl. Hrsg. von Anne Bancroft. München 2002 (dtv 36296), S. 141–142. © Deutscher Taschenbuch Verlag, München 2002.

René Descartes (1596–1650), Philosoph und Mathematiker. – Über die Natur des menschlichen Geistes. Aus: Meditationen über die Grundlagen der Philosophie. Übersetzt von Artur Buchenau. Hrsg. von Lüder Gäbe. Hamburg 1993, S. 20–30. © Felix Meiner Verlag, Hamburg 1993.

Fliegende Blätter – Populäre Vorlesungen aus dem Gebiete der Naturgeschichte. Aus: Das Nonsens-Buch. Hrsg. von Peter Köhler. Stuttgart 1990, S. 131–136.

Richard Fortey, Paläontologe. – Geschichte des Lebens. Aus: Leben. Eine Biographie. Übersetzt von Friedrich Griese und Susanne Kuhlmann-Krieg. München 2003 (dtv 33080), S. 398–406. © Verlag C. H. Beck, München 1999.

Khalil Gibran (1883–1931), Schriftsteller, Philosoph und Künstler. – Von der Freude und vom Leid. Aus: Der Prophet. Übersetzt von Ditte und Giovanni Bandini. 7. Aufl. München 2005 (dtv 36261), S. 31–32. © Deutscher Taschenbuch Verlag, München 2004.

Johann Wolfgang von Goethe (1749–1832), Dichter. – Prolog im Himmel. Aus: Faust. Eine Tragödie. Hamburger Ausgabe, Bd. 3, München 1982 (dtv 05986), S. 16–19.

Friedrich Hölderlin (1770–1843), Dichter. – Lebenslauf. Aus: Exzentrische Bahnen. Ein Hölderlin-Brevier. Hrsg. von Walter Müller-Seidel. München 1993 (dtv 2313), S. 14.

Hugo von Hofmannsthal (1874–1929), Dichter. – Weltgeheimnis. Aus: Gedichte. Leipzig 1934.

Franz Kafka (1883–1924), Jurist und Schriftsteller. – Vor dem Gesetz. Aus: Erzählungen. Gesammelte Werke, Bd. 4. Hrsg. von Max Brod. Frankfurt a. M. 1976, S. 120–121.

Immanuel Kant (1724–1804), Philosoph. – Wahrsagende Geschichte der Menschheit. Aus: Der Streit der Facultäten. 1789. Akademie-Ausgabe, Bd. 7, S. 88-90.

Katha-Upanishad. – Tod und Unsterblichkeit. Aus: Die Weisheit der Upanishaden. Übersetzt von Karl Friedrich Geldner. Hrsg. und mit einem Nachwort von Axel Michaels. München 2006 (Bibliothek der Weltweisheit, Bd. 16; dtv 34379), S. 108–112.

Gottfried Keller (1819–1890), Dichter. – Die Zeit geht nicht, sie stehet still. Aus: Das leuchtende Buch. Die Welt als Wunder im Gedicht. Hrsg. von Dieter M. Gräf. Frankfurt a. M. 2004, S. 55–56.

Konfuzius (551–479 v. Chr.), Philosoph. – Lehren ohne Worte. Aus: Chinesische Weisheiten. Übersetzt von Richard Wilhelm. Hrsg. von Stephan Schuhmacher. München 2004 (dtv 34124), S. 153.

Georg-Christoph Lichtenberg (1742–1799), Mathematiker, Physiker und Aphoristiker. – Freiheit und Gleichheit. Aus: Pfennigs-Wahrheiten. Ein Brevier von Rainer Baasner. München 1992 (dtv 12681), S. 149–150.

Christian Morgenstern (1871–1914), Dichter. – Namenlos. Aus: Sämtliche Galgenlieder. Horatius Travestitus. München 1992, S. 356. – Frage. Ebd., S. 337.

Thomas Nagel (geb. 1937), Philosoph. – Der Sinn des Lebens. Aus: Was bedeutet das alles? Eine ganz kurze Einführung in die Philosophie. Übersetzt von Michael Gebauer. Stuttgart 1990, S. 80–84. © Verlag Philipp Reclam jun., Ditzingen 1990.

Friedrich Nietzsche (1844–1900), Philosoph. – Komplizierte Welt. Aus: Friedrich Nietzsche, Weisheit für Übermorgen. Unterstreichungen aus dem Nachlaß von Heinz Friedrich. München 1999 (dtv 30733), S. 46. – Der Komödiant der Welt. Aus: Menschliches, Allzu Menschliches. Kritische Studienausgabe, Bd. 2. Hrsg. von Georgio Colli und Mazzino Montinari. München 1988 (dtv 2222), S. 548–549.

Ovid (Publius Ovidius Naso; 43 v. Chr. – 17/18 n. Chr.), Dichter. – Alles wandelt sich. Aus: Metamorphosen. Übersetzt von Erich Rösch. München 1990 (dtv 2244), S. 383–385. © Patmos Verlag GmbH & Co. KG/Artemis Verlag, Düsseldorf und Zürich 1988.

Thomas Paine (1737–1809), Politiker und Schriftsteller. – Über die alten und neuen Regierungssysteme. Aus: Die Rechte des Menschen. Hrsg., übersetzt und eingeleitet von Wolfgang Mönke. Berlin 1983, S. 274–290. © Akademie-Verlag, Berlin 1982.

Annemarie Pieper, Philosophin und Schriftstellerin. – Gut und Böse in der Alltagssprache. Aus: Gut und Böse. München 2. Aufl. 2002, S. 11–17. © Verlag C. H. Beck, München 1997.

Platon (ca. 427 v. Chr.–347 v. Chr.), Philosoph. – Von der Redekunst. Aus: Platon. Die großen Dialoge. Übersetzt von Rudolf Rufener. München 1991 (dtv 2265), S. 196–205. © Patmos Verlag GmbH & Co. KG/Artemis Verlag, Düsseldorf und Zürich 1991. – Eros ist Liebe zum Schönen und Guten. Übersetzt von Otto Apelt in Verb. mit K. Hildebrandt u. a. Aus: Platon. Ausgewählt und vorgestellt von Rafael Ferber. München 1997 (dtv 30680), S. 197–205. – Das Sonnengleichnis. Ebd., S. 267–273.

Leopold von Ranke (1795–1886), Historiker. – »Fortschritt« in der Geschichte. Aus: Geschichte und Politik. Hrsg. von Hans Hofmann, Stuttgart 1940, S. 139–144.

Chet Raymo, Physiker und Astronom. – Die Gärten. Aus: Mein täglicher Spaziergang durch das Universum. Übersetzt von Andreas Simon. München 2007 (dtv 34388), S. 131–146. © Eichborn AG, Frankfurt a. M., Februar 2004.

Martin Rees, Astrophysiker. – Hätte Gott die Welt auch anders erschaffen können? Aus: Das Rätsel unseres Universums. Hatte Gott eine Wahl? Übersetzt von Thomas Filk. München 2006 (dtv 34331), S. 11–17. © Verlag C. H. Beck, München 2003.

Rainer Maria Rilke (1875–1926), Dichter. – Was wirst du tun, Gott, wenn ich sterbe? Aus: Dies alles von mir. Gedichte. Hrsg. von Franz-Heinrich Hackel. München 5. Aufl. 2002 (dtv 12837), S. 26.

Lucius Annaeus Seneca (ca. 4 v. Chr. – 65 n. Chr.), Philosoph. – Der Gott in uns. Aus: Briefe an Lucilius. Erster Teil. Übersetzt, mit Einleitungen und Anmerkungen versehen von Otto Apelt. Wiesbaden 2004, S. 140–143.

Kurt Tucholsky (1890–1935), Schriftsteller. – Eine kleine Sonntagspredigt. Aus: Uhu, Jg. 7, H. 9, Juni 1931, S. 72–76.

Voltaire (François-Marie Arouet, 1694–1778), Philosoph und Schriftsteller. – Besuch bei dem Herrn Pococurante, einem venezianischen Edelmann. Aus: Candide oder der Optimismus. Übersetzt und hrsg. von Wolfgang Tschöke. München 2003 (dtv 13009), S. 101–107. © Deutscher Taschenbuch Verlag, München 2003.

Zhuangzi (ca. 365–290 v. Chr.), Philosoph. – Liebe und Pflicht. Aus: Chinesische Weisheiten, Übersetzt von Richard Wilhelm. Hrsg. von Stephan Schuhmacher. München 2004 (dtv 34124), S. 109–110.